Irène Furtwängler
Miranda Alberti

DIE TRADITIONELLE TOSKANISCHE KÜCHE

Irène Furtwängler
Miranda Alberti

DIE TRADITIONELLE TOSKANISCHE KÜCHE

Mary Hahn

Bildnachweis: TEUBNER, Studio und Archiv für Foodfotografie, Füssen

Schutzumschlag: Christel Aumann, München
Titelbild: Wolf, Festmahl auf Murano –
mit freundlicher Genehmigung ARTOTHEK,
Kunstdia-Archiv Jürgen Hinrichs, Planegg
Satz: Fotosatz Völkl, Germering
Druck: Jos. C. Huber KG, Dießen
Binden: Thomas Buchbinderei, Augsburg
Printed in Germany
ISBN: 3-87287-347-4

Inhalt

Freundschaftliches Vorwort

I.

Der vielzitierte Satz »Über Geschmack läßt sich nicht streiten« ist ebenso spielverderberisch wie dumm. Worüber sonst, möchte ich gegenfragen, kann denn herzhaft gestritten werden, wenn nicht darüber, ob bestimmte Gewürze den Charakter des Fisches hervorheben oder überdecken? Wenn nicht darüber, ob die leichte, fettarme Essenszubereitung eine Modeerscheinung sei oder ein Fortschritt? Wenn nicht darüber, ob der »wohltemperierte« Bordeaux meist zu warm kredenzt wird, ob die Salsa Verde eher durch zuviel Zitrone als durch zuwenig Öl ruiniert wird? Übers kleine Einmaleins indessen läßt sich nicht streiten, behaupte ich, auch darüber nicht, daß kein Mensch in einem Atomkrieg verbrennen möchte. Doch über Geschmacksnuancen, über Unterschiede der Zubereitung und der Kochkunst soll man durchaus diskutieren. (Nur gibt es Gott sei Dank keinen abschließenden »Beweis«, wer recht hat.)
Von der »Kochkunst« wird häufig, von der »Eßkunst« viel seltener gesprochen. Als sei die nicht auch an heikle Voraussetzungen und viel Übung gebunden. Wer zu spät und zu aufwendig mit Geld in Berührung kommt, fällt als »Neureicher« einer Mischung aus sanfter Verachtung und unsanftem Neid anheim. Klar. Wer zu spät die »Ilias« liest oder den »Idioten«, stellt die beklagenswerte Figur des »Bildungsneureichen« dar. Die Kräfte dieser Bücher teilen sich beim Bildungsneureichen nur dem Wissen mit, aber sie prägen nicht mehr die Person. Und wie steht es um die Eßkunst? Wer zu spät mit Trüffeln in Berührung kommt, die ja mittlerweile sehr selten und teuer geworden sind, der wird diese Erdpilze feinsinnig-langweilig, überschätzt, entbehrlich finden. Genießen will gelernt sein. Ein ehrlicher Greis, zum ersten Mal einer Auster begegnend, wird bestimmt sagen, die schmecke nur wie Meerwasser und fragen, warum er dafür soviel Geld ausgeben solle. Hat aber jemand sein Leben lang, scheußliche Vergiftungen in Kauf nehmend (weil wieder einmal die »letzte« von 12 Austern offenbar doch nicht ganz in Ordnung war), die-

sen schmackhaften Meermuscheln einen Ehrenplatz in seinen Feiertagsmenüs eingeräumt, dann dürfte er blind zahlreiche Austernarten voneinander unterscheiden können. Und keineswegs leichtfertig über die Frage hinweggehen, was Pfeffer, Tabasco, Zitronen, Käseschnitten, Schwarzbrot an diesen Muscheln, die ohne 1,7% Salzgehalt im Wasser nicht gedeihen, entweder fördern oder verderben. Für Karl Theodor Freiherr zu Guttenberg hatten übrigens die Austern sogar eine christliche Funktion. Während der Fastenzeit verzichtete er auf den Verzehr von Fleisch. Und wich ebenso gehorsam wie beneidenswert auf rund 60 Austern aus, die ja ohnehin bekanntlich fast nur aus Wasser bestehen.

II.

Als ich erfuhr, daß Irene Furtwängler, meine alte, Verzeihung: langjährige Freundin eine Sammlung toskanischer Rezepte zusammenstelle, fiel mir ein, was die Verfasserin selbst merkwürdigerweise vergessen, verdrängt hatte. Nämlich daß ihr Vater, Fürst Basil Swiatopolk-Mirski, einst ein Phantasiekochbuch geschrieben hatte, und zwar um zu überleben. Ich kannte den tapferen alten Herrn noch, von dem die surrealistische Geschichte erzählt wurde, er habe einst in glanzvoll guten Tagen seine Freunde zu einem herrlich angerichteten kalten Büfett geladen und nach der Champagnerflasche gegriffen. Der Kork entwich donnernd in die Luft, durchbohrte die feinen Gläser eines riesigen Lüsters, so daß unzählige Glassplitter sich auf Hummersalate, Taubenbrüste, Kaviarschnitten, Käserollen wie tödlicher Schnee senkten. Alles war ungenießbar geworden …

Das geschah freilich, noch bevor der Fürst nach Sibirien verschleppt worden war – von wo er schwerkrank, aber ungebrochen wiederkehrte. Dort, im Lager, durfte er die Gefangenenkost zubereiten helfen. Nächtlich ersann er »sein« Kochbuch. Das Papier dafür ertauschte der Fürst irgendwie. Und dann ließ er seine »Phantasie« walten (so wie, nur auf anderem Genußgebiet, de Sade in Charenton). Mirski also stellte zusammen, erfand Mischungen, ließ sich vom Hunger beflügeln. Als er dann endlich in den Westen durfte, nahm man ihm sein Rezeptbuch, sein Kleinod, weg. Die Leute vom Sicherheitsdienst hielten die Angaben der Mengen, Gewichte, Mischungen für eine Art Geheimcode. Betrachteten das Kochbuch als Konterbande.

III.

Und nun kommt, kocht uns die Tochter toskanisch. Daß sie selber wunderbar (ganz ohne Chichi und Klimbim) Mahlzeiten hervorbringen kann, wissen ihre Freunde. Sie liebt es *einfach, unaufgedonnert:* was genau das Gegenteil ist von simpel und unraffiniert. Der Ausspruch der Gräfin Morphy – komischer Zufall, daß hier soviel von Adeligen die Rede ist –, man dürfe »die einfache Küche nicht den einfachen Köchinnen überlassen«, könnte auch ihr Motto sein.

Toskanisch speisen heißt leicht, wohlschmeckend und (in der Herstellung, aber nicht im Effekt) fast sparsam-geizig essen. Völlerei wird wohl als Todsünde empfunden von jenen Florentinern, denen bekanntlich auch das Bankwesen, die Geschichte vom Werden und Wirken großer Geldinstitute, so viel zu danken hat.

Ich will nicht leugnen, daß ich mich an die toskanische Küche gewöhnen mußte. Wenn man aus dem tiefsten masurischen Osten kommt, dann »hat« man nichts *gegen* die Eiernudeln oder gegen alle die Teigwaren aus Weizengrieß und Wasser. Aber man hat zunächst auch nichts *von* Tagliatelle, Tortellini, Ravioli, von Spaghetti und Rigatoni. Wie beschrieb W. H. Auden eine solche unfeindselige Fremdheit? »Ich kann Nudeln und Spaghetti und sogar Reis essen, aber sie sagen mir nichts, während eine zerkochte alte Kartoffel Musik für mich sein kann.«

Die lebensverschönende Wahrheit ist nur eben: man gewöhnt sich. Man gewöhnt sich keineswegs bloß daran, daß man sich nicht gewöhnt, sondern man entdeckt selig auch die *Töne* im Teig, genau jene Musik, die für Auden einzig in Kartoffeln beschlossen lag.

Zudem heben natürlich die internationalisierende Entwicklung, der Tourismus und die flurbereinigte suprastaatliche Hotelkocherei den Wert des regionalen Kochens neu hervor, sozusagen als Gegenbewegung. Zwei Entwicklungen scheinen sich zu bedingen: Die eine, perfektionierbare, von Diätvorstellungen und praktischen Rationalisierungsüberlegungen geprägte, internationale Speisenproduktion wird immer neutraler, allgemeiner. Sie zielt auf ein Welteinheitsessen Wohlhabender, macht die Hotelküchen der Großstädte nahezu austauschbar. Ein Steak ist ein Steak ist ein Steak ... Und eine idiotische Ananasscheibe liegt daneben auf dem Teller.

Diese Rationalisierungstendenz wird nun eingedämmt, konterkariert von einem zunehmenden *Regionalisierungsbedürfnis.* Denn – und mögen die spanischen Treppen noch so sehr von siegreichen Konzernen umdünstet sein – im Grunde seines Herzens lechzt der Essende nach Spezifischem und Altbekanntem. Mutters Küche; das Gewürz der seligen Frau; was der Bauer nicht kennt. Dies alles läßt sich vornehmer formulieren. Heimatliebe könnte im Grunde die Sehnsucht nach jenem Köstlichen sein, was man als Kind gegessen hat. (Bei mir waren es die mittlerweile fast ausgestorbenen Flußkrebse.)

Anscheinend sind die Bedürfnisse von Essenden zwar konservativ, aber nicht unwandelbar. Darauf baut diese Rezeptsammlung. Sie fixiert, welche Eßkultur Phantasie, Vernunft, Natur und Not während langer Jahrhunderte in der Toskana entstehen ließen. Zu beurteilen, wie diese Rezepte beschaffen und ob sie schmackhaft sind, kommt dem Vorwortschreiber nicht zu. Das überstiege seine Kompetenz und seine Absicht. »Der Pudding beweist sich beim Essen«, meinte Brecht, um sachfernes Theoriegeschwätz einzudämmen. Ein Rezeptbuch beweist sich beim Kochen, nicht beim Lesen. Vielleicht gelang es der Verfasserin festzuhalten, daß die Toskana, als Speiseplatz begriffen, etwas so Erstrebenswertes sein kann wie ein sparsames Paradies.

München, im November 1987

Joachim Kaiser

Die Ursprünge der toskanischen Küche

Die Medici

Man hat sich daran gewöhnt, die Größe und die Herrlichkeit der Stadt Florenz mit dem Anbruch der Ära Medici zu verbinden.
Es stimmt, daß die Medici gute Herrscher waren, aber sie waren es unter der Kontrolle des Florentiner Volkes. Eines Volkes, das sich seit mehr als einem Jahrhundert selbst trefflich zu regieren wußte. Die Medici benahmen sich ordentlich und mußten es tun, um die Volksseele bei Laune zu halten. Sie waren reich. Es gab aber in Florenz auch noch andere reiche Familien, die vorsichtig leben mußten, die nicht übertreiben durften, die ihren Reichtum nicht öffentlich zur Schau stellen konnten. Gleichzeitig entstand eine neue Lebensart, eine neue Haltung, und ein künstlerischer Stil: die Klassizität in der Malerei, in der Skulptur und in der Architektur. Sie war das Produkt einer Schönheitskonzeption, begründet auf der Mittigkeit, auf dem ausgewogenen Maß der Elemente.

Die goldene Mitte

So wie in den schönen Künsten und in der Haltung spiegelt sich das Konzept des neuen Stils auch in der Kochkunst wider. Ein Reichtum, der seinen edelsten Ausdruck im Maßhalten sucht. »Was reinkommt, ist nötig«, sagt man in den Familien. Dieser kleine Satz dient zur Mahnung: nicht geizig sein mit den Zutaten, die ein Gericht zusammensetzen! Nicht geizig sein mit den Gerichten, die eine Mahlzeit zusammensetzen! Das wäre sparen am falschen Fleck und würde sich gegen Freude und Genuß richten. Gleichzeitig ist es aber auch die Warnung, nur die absolut nötigen Zutaten zu verwenden.

Florenz im 14. Jahrhundert

In der »Geschichte der Italiener« von Giuliano Procacci liest man, daß Florenz Anfang des 14. Jahrhunderts seinen größten Glanz erreicht hatte. Es war das Jahrhundert Dantes, Boccaccios und Petrarcas.
Schon damals zählte die Stadt 100000 Einwohner, 110 Kirchen und 30 Krankenhäuser. In den Werkstätten stellte man jährlich 70000–80000 Stück Tuch her. Die Florentiner Banken, 40 an der Zahl, weiteten ihre Geschäfte auf den gesamten Okzident und sogar auf einen Teil des Orients aus. In Florenz trank man jedes Jahr zwischen 55000 und 60000 Flaschen Wein, verbrauchte man 4000 Kälber, 33000 Schweine. Die Stadt war wohlgenährt, garantiert uns der Historiker. Procacci spricht aber auch von dem kulturellen Niveau der Bevölkerung. Alle Jugendlichen konnten lesen und schreiben. 1000 bis 1500 unter ihnen hatten den Algorithmus studiert, 300 bis 600 besuchten höhere Schulen. Ein erstaunlicher Tatbestand für eine Welt, wie sie damals war.

Die Bankette: Freude an der schönen Sprache »als Beilage«

In den genannten Zahlen spiegelt sich der Charakter des typischen Toskaners wider. Die Freude an dem guten Essen, die Leidenschaft für geistige Übungen, die Liebe zur raffinierten und feinsinnigen Sprache, der Spaß an der Ironie, am Scharfsinn, an Wortspielen, die Lust am Geschichtenerzählen, dies alles sind Eigenschaften, die der Toskaner nie verloren hat. Sie sind ihm in die Wiege gelegt. Es gibt hübsche Szenen, die uns toskanische Novellisten, zum Beispiel Boccaccio, hinterlassen haben. Sie erzählen von vergnügten Gesellschaften, die sich zu Festen trafen. Mitten in der lustigen Turbulenz werden Bankett und Tanz unterbrochen und die berühmten Novellen erzählt. Geschichten über Liebe, Erzählungen, in denen Klugheit und Schlauheit eine große Rolle spielten.
Solche Bankette waren überaus beliebt. Die dafür angemieteten Köche verlangten immer mehr Lohn für ihre Dienste. In Siena wurde die Situation untragbar. Die

Stadtregierung sah sich gezwungen, besondere Gesetze zu erlassen, um den Forderungen der Köche Einhalt zu gebieten.
Von jenen Banketten sprechen moderne Kochbücher mit einer gewissen Verachtung. Die Quantität stand noch über der Qualität, man aß zu zweit aus einem Teller, und der Gebrauch des Besteckes war dem Gebrauch der Hände untergeordnet. Die Geburt der kulinarischen Kunst, sagen sie, beginnt mit der Renaissance, im Jahre 1500.

Die Ursprünge der toskanischen Küche

Trotzdem waren schon eine Menge toskanischer Gerichte vorher bekannt. Die Brotsuppe, die geröstete Brotscheibe mit Knoblauch und Olivenöl, der Kastanienfladen, der Brotsalat, die »Schiacciate« wurden bereits im 13. Jahrhundert gegessen. Die Teigtaschen, der Schweinebraten, die Leberwürfel, die Schweinefleischspieße, die Gemüsetorten, die Ente mit Orangen, die Wildragouts und -steaks, damals noch Carbonata genannt, gibt es schon in einem Kochbuch aus dem 14. Jahrhundert.
Die Küchen waren nicht sehr geräumig. Man deckte die Tafeln im Freien – so wie es auch heute noch bei Volksfesten oder politischen Feiern geschieht. Wie aus dem Boden gestampft stehen auf der Straße lange Tischreihen und füllen sich mit den Bewohnern des Viertels, aber auch mit Passanten, die ganz selbstverständlich eingeladen werden. Die Schüsseln werden ohne Zeremoniell zwischen die Gäste gestellt, das Essen ist einfach: Pastasciutta, Schweinswürste mit weißen Bohnen in Tomatensauce, frisches Weißbrot und Wein aus der großen Korbflasche. Form ist Nebensache. Wichtig allein ist die allgemeine Heiterkeit. Wer ein Instrument hat, spielt, wer singen kann, singt. Es erklingen die traditionellen Stornelli, auch sie besingen Liebe und Schlauheit oder dienen als witziges Wortgefechtspiel (»Battuta«). Wer verstehen will, versteht. Da gibt es keine boshaften Übertreibungen, es herrscht bloß befreiende und sorglose Lustigkeit – die toskanische Sorglosigkeit ist nie Gedankenlosigkeit –, und es kommt allgemeine Euphorie auf. Nie habe ich etwas Frischeres und Lustigeres erlebt als solche Feste, ganz ohne Etikette und dennoch raffiniert.

Die Kultur der Etrusker lebt noch

In solchen Augenblicken gewährt einem die Geschichte Rückblicke, und zwar Rückblicke auf die ältesten Ursprünge des toskanischen Volkes: auf die Etrusker. Man weiß von ihnen, daß sie ein Volk von großer Raffinesse waren. Sie waren aber auch Feinschmecker. Ausgrabungen und Freilegungen der Fresken bezeugen, daß sie schon die Pappardelle zubereiteten (sie hatten bereits die Teigrolle, das Sieb, die Reibe) sowie Gemüsesuppen, Rinder- und Schweinefleisch auf dem Grill, das Hähnchen »alla diavola« und Fladen mit Weintrauben. Wahrscheinlich verteidigen die Toskaner die Einfachheit und Echtheit ihrer Rezepte aus dem Bewußtsein heraus, ihren antiken Vorfahren diesen Respekt zollen zu müssen. Mit Stolz und Hartnäckigkeit bauen sie aus ihren Gewohnheiten einen Eckpfeiler, als wären sie Etrusker, als müßten sie sich immer noch vor der Grobheit der Latiner in acht nehmen, als müßten sie sich vor der Monumentalität der römischen Bankette fernhalten, die, wie man weiß, alles andere als fein und vornehm waren.

Was zuviel ist, ist zuviel

Man erzählt sich von einem ungewöhnlichen Bankett, zu dem die Honoratioren und Magistratsherren Roms die Medici-Brüder Lorenzo und Giuliano geladen hatten. Die beiden, angewidert von den unendlich vielen Speisen, die unaufhörlich aufgetragen wurden, verloren die Geduld und rebellierten. Plötzlich sah man gebratene Zicklein, Kaninchen, Spanferkel, Fasane und Kapaune sowie Rebhühner durch die Luft fliegen. Das war die toskanische Antwort auf Maßlosigkeit.

Das Grandiose im Dienst der Kunst

In seinem Buch »Capricci e anedotti degli artisti« erzählt Giorgio Vasari von Festen, bei denen sich Künstlergilden trafen. Bei der Gelegenheit stellten die Künstler ihre Werke vor: Sie waren allesamt aus eßbarem Grundmaterial. Eines Abends war

Andrea del Sarto an der Reihe. Er brachte einen Tempel mit, achteckig, San Giovanni ähnelnd, aber auf Säulen gestützt. Der Boden war ein riesiger Teller aus Gelatine; die Säulen, die aussahen, als seien sie aus Porphyr, bestanden aus dicken weißen Würsten. Die Basen und Kapitelle waren aus Parmesan, das Kranzgesims aus Marzipan. In der Mitte stand ein Chorpult aus kaltem Kalbsbraten, darauf lag ein Foliant aus Lasagne, die Noten waren mit schwarzem Pfeffer geschrieben. Die Sänger waren gekochte Drosseln mit offenem Schnabel.
Soviel Prunk mag heute verwundern, aber er war gerechtfertigt durch den Nimbus der Kunst. Es war eben eine Komposition im Rahmen der vollkommenen Schönheit und ein Kunstwerk von harmonischen, perfekten Proportionen.

Lebensklugheit als Begleiterscheinung einer konservativen Haltung?

Weisheiten zum häuslichen Leben liefert uns der Humanist und Architekt Leon Battista Alberti in seinen »Libri della famiglia« (Bücher für die Familie). Er gibt Ratschläge, wie man ein Haus führt und wie Familienmitglieder am besten miteinander auskommen. Sein innigster Wunsch war es, einen idealen Klassiker zu schreiben und das Leben selbst zu einem Kunstwerk zu erheben.
Für uns ein Humanist par excellence war Alberti, der vor der Renaissance lebte, ein Mann, der allen Neuerungen offen gegenüberstand. Er hatte es sich vorgenommen, eine »moderne« Mentalität zu gründen, die den neuen Zeiten angepaßt sein sollte. In Hinsicht auf die Führung des Hauses aber behielt er eine starre, konservative Haltung.
Er verherrlichte das Leben auf dem Lande. Er lobte die »Villa«, wo man alles, was man zum Leben brauchte, selbst produzieren konnte. Auf diese Weise hätte man die absolute Garantie, sagte er, unverfälschte Produkte zu erhalten. Weder könne man auf deren Reinheit verzichten noch auf die Einfachheit des Daseins.
»Auf dem Tisch in deinem Hause wird immer Wein sein, und das Brot wird nicht fehlen, denn sie gehören zusammen. Der Wein wird ein ehrlicher Wein sein, und das Brot wird rein sein, und dazu wird es alles geben, was man zu Wein und Brot

braucht. Und wenn du wirklich etwas kaufen mußt, dann denk daran beizeiten, damit du das Beste zum niedrigsten Preis erstehen kannst!«
Wenn wir an die Verfälschungen in der heutigen Ernährung und an unsere Gesundheit denken, so müssen wir Alberti recht geben und ihn dafür bewundern, daß er sich starr an die Traditionen hielt, mit dem Risiko, antiquiert und mittelalterlich zu erscheinen.

Bewußt essen: ein Zeichen von Kultur

Mit der Zeit bestätigte sich die Wichtigkeit der Diät. Den eigenen Magen zu kennen ist Zeichen von Reife und Bewußtsein, ist Zeichen von Weisheit. Vor Gerichten, die einem nicht bekommen, sollte man fliehen. Man muß sie zu erkennen wissen. Nicht essen, wenn man keinen Hunger hat! Nicht trinken, wenn man keinen Durst hat! Eine umwerfend banale, simple Regel, der fast niemand folgt.
Bewußt zu essen ist ein Zeichen von Kultur.

Kleine Küchengeschichten aus dem Leben der Medici

Die Contessina de' Bardi, Gemahlin Cosimo des Alten

Die Contessina de' Bardi war ihrer Schwiegermutter Piccarda sehr verbunden. Gleich dieser war sie nicht überaus gebildet, aber es genügte, um das Haus zu bestellen und um ihre Söhne ordentlich zu erziehen.
So um die 30 Briefe sind von ihr erhalten geblieben. Sie handeln allesamt von häuslichen Problemen. Von »destilliertem Essig« ist da die Rede, von »gesalzenem Fleisch«, von »Zicklein und Hasen, in Caffaggiolo erlegt«, von »eingelegten Schweinen« und – von Garderobe.
Sie lebte gerne auf dem Lande und pflegte, rüstig und vergnügt, den großen Schlüsselbund an dem Gürtel befestigt – bis ans Ende ihrer Tage –, auf einem Maultier ihre Besitztümer zu durchstreifen.

Clarice Orsini schreibt an ihren Gemahl Lorenzo, der sich auf Reisen befindet

Clarice lebt auf dem Lande. Sie leidet unter der Trennung von ihrem Mann. Liebevoll schreibt sie:
»Wir schicken Euch 17 Rebhühner, die von Euren Jägern erlegt wurden.«
Und
»Wir erfreuen uns alle – Gott sei es gedankt – einer guten Gesundheit und schicken Euch einen Fasan und einen Hasen, weil es mir unschicklich erscheint, diese ohne Euch zu verspeisen.«
»Ich sende Euch diese zwei Hasen, damit sie Euch an meine ewigwährende Liebe erinnern.«

Caterina de' Medici

»Ich bringe das Licht und die Ruhe« und »Ich nehme die gute toskanische Küche mit«.

Dies war das Motto der Caterina de' Medici, als sie sich mit Henry d'Orléans vermählte und Königin von Frankreich wurde.
In ihren Adern floß zwar nicht das »blaue Blut« der französischen Aristokratie, dafür aber der gesunde kaufmännische Lebenssaft der Medici, mit deren Liebe zu Kunst und Kultur.
Schon zu Lebzeiten des François I. hatten Vertreter der Florentiner Künste Frankreich besucht, aber erst unter Caterina sollten Mode, Küche und die Kunst des Briefeschreibens erblühen.
Da sie erfahrene florentinische Köche, Pâtissiers und Eisspezialisten mitgebracht hatte, verdankt Frankreich der Toskana so manche Köstlichkeit, die heute noch zubereitet wird.

Ferdinand I., Sohn des Großherzogs Cosimo des Jüngeren

Es gefiel ihm, zufällig anwesende oder auch sich auf der Durchreise befindlichen hohe Herren zu Tisch zu bitten.
»Meine Tafel ist dadurch geehrt worden, daß zahlreiche Kardinäle und wichtige Persönlichkeiten mit mir in großer Selbstverständlichkeit gespeist haben, ohne sich vorher anzusagen.«
Die Sympathie des florentinischen Volkes gewann er anläßlich der großen Überschwemmung im Oktober 1589.
Unvermutet stand er plötzlich mitten unter seinen Untertanen, in seinem verschmutzten und mit Schlamm bedeckten Mantel – ermutigend, ordnend und helfend.
Aber als erstes ließ er in den Öfen der Stadt eine Menge Brot backen, die den ersten großen Hunger der Florentiner stillen sollte.

Christine von Lothringen, Gemahlin des Ferdinand

»Sie zog ein in Florenz an einem Sonntag«, mit Prunk, Pomp, einer Unmenge von livrierten Dienern und viel Herrlichkeit. Sie kam durch Triumphbögen, die in den feinsten Regenbogenfarben leuchteten.

Ihre Ankunft wurde in der gesamten Stadt gefeiert, und die Festlichkeiten dauerten einen ganzen Monat.
Der Höhepunkt dieser Vergnügungen war ein Schauspiel im Hof des Palazzo Pitti.
Im ersten Akt konnten die edlen Zuschauer einer wirklichkeitsgetreuen Erstürmung eines türkischen Kastells beiwohnen.
Zwischen dem ersten und dem zweiten Akt wurde den Gästen ein üppiges Bankett vorgesetzt.
Währenddessen war der Hof des Palazzo mit der Hilfe großer Pumpen in einen regelrechten See verwandelt worden.
Im zweiten Akt fand in diesen Fluten eine wahre Seeschlacht statt.

Cosimo III.

Er pflegte seine Gesundheit, indem er an einer eisernen Lebensweise festhielt. Er trank lediglich Wasser, aß mäßig, stand auf im Morgengrauen, zog die Kälte der Wärme vor und erlaubte sich keine Bequemlichkeit.
Auf diese Weise »behielt er bis ans Ende seines Lebens sein an ein Wunder grenzendes Gedächtnis und all jene Fähigkeiten, die er für seine üblichen Beschäftigungen brauchte«.
Er war der einzige seiner Familie, der das respektable Alter von 81 Jahren erreichte.

Ferdinand, Sohn von Cosimo III.

Unter all seinen Residenzen gab es eine, die er besonders liebte: die »Villa di Pratolino«.
Aus einer Beschreibung des Herren de Montaigne:
»Im Park befindet sich ein Marmortisch, dessen Raffinesse und Bequemlichkeit unnachahmlich sind.
Vor jedem der sechs Stühle ist am Platz des Gedecks ein Metallring angebracht, mittels dessen ein Deckel hochgehoben werden kann. Darunter ist eine hübsche Muschel eingebaut, aus der ein Strahl kühles, frisches Wasser sprudelt; er dient zur

Kühlung des Glases. In der Mitte des Tisches aber sorgt eine größere Muschel dafür, daß man die Weinflasche kalt stellen kann.«
An heißen Sommertagen gesellte sich zum Wunsch nach frischen Getränken die Lust auf eisgekühlte Sorbets. Darüber sagt Montaigne:
»Im Park fand ich tiefe Gruben, in denen man das ganze Jahr über den Schnee konservierte.«

Francesco-Maria, Sohn des Ferdinand II.

»Dick, gesund und pausbäckig« – so hatte der Familienarzt Francesco Redi den jungen Herzog beschrieben.
Mit 30 Jahren war letzterer bereits fettleibig.
Zu seiner Liebe zum Theater kam die Leidenschaft für die gute Küche. »In den Räumen des Pergola-Theaters in Florenz widmeten sich die Herren Akademiker der Lust üppigster Abendmahle.«
Er war ein unverbesserlicher Genießer; das Schlimme dabei war, daß dieses Laster im Übermaß des Fleisches sichtbar wurde.
Seine »Villa di Lappeggi« war das Schlaraffenland für Bonvivants, Witzbolde und passionierte Esser. An deren Spitze stand der witzige Dichter Giovan Battista Fagioli, von Francesco-Maria beauftragt, vergnügliche Komödien zu schreiben; sie wurden dann abends oder nachts unter dem Sternenhimmel aufgeführt.
Als ihm jedoch seine ihm angetraute Gemahlin, die junge und schöne Eleonora Gonzaga Guastalla, vorgestellt wurde, gab es ein Drama. Sie sah ihn, dick und fett wie ein Schwein – und verweigerte ihm das Ehebett. Daraufhin veränderte sich das Wesen des Herzogs. Niemand hat ihn mehr essen oder trinken sehen. Nach nur zwei Jahren starb er an einem Schwermutsanfall.
Auf diese Weise schwand für die Familie Medici die letzte Hoffnung, einen Nachfolger zu bekommen.

Ein Abendmahl der Medici

Ein Abendmahl der Medici

Truchseß, Vorratsverwalter, Aufseher, Mundschenke und Kellermeister, Fleischer, Ölmeister, Käsehändler, Saaldiener, Küchenmeister, Tranchiermeister und Servierer des Hauses.

1. Von der Kredenz

Crostini in grüner Sauce
Crostini mit Leber und Milz
Eierküchlein, mit frischen Kräutern gewürzt
Granatäpfel
Gedünstete Zwiebelchen, mit Nelken besteckt
Schweinegeschnetzeltes aus Siena
Brot mit dem Stempel des Hauses, gesalzen und gepfeffert

2. Erster Gang aus der Küche

Emmerkorn-Suppe
Lasagna-Pasta mit Pilz-, Fleisch- und Hühnersauce

3. Zweiter Gang aus der Küche

Wollüstige Forellen vom Gardasee
Verlorene Eier in Tatarsauce

4. Dritter Gang aus der Küche

Wachteln des Gonfaloniere Soderini
Gefüllter Truthahn
Täubchen in der Kruste
Gebratenes Spanferkel, gefüllt mit Würsten und Kräutern
Gemischte Salate aus dem Aretino

5. Wiederum von der Kredenz

Mandelküchlein
Süße Plätzchen: Tierchen und Florentiner Schwertlilien
Marzipan-Möndchen
Gebrutzelte Zuckerbrezeln
Süße Anis-Waffeln
Mürbteigkuchen mit Äpfeln, Rosenwasser und Kandis
Pinienkerne und Zibeben
Honigplätzchen und Nußküchlein
Panforte von Siena

Rauchtabak des Edlen von Tornabuoni
Zahnstocher und allerlei Erfrischendes

Zum Abschluß Marmeladen, kandierter Koriander und gebrannte Mandeln

Gedichte des Lorenzo il Magnifico (1449–1492)

A.

»Queste frutte oggi è usanza che si mangin dietro a cena;
a noi pare un'ignoranza; a smaltirle è poi la pena:
quando la natura è piena dé' bastar: pur fate voi
dell'usarle innanzi o poi; ma dinanzi non fan male.«

De la »Canzona delle forese«
di Lorenzo il Magnifico

A.

Heute ist's Brauch, Früchte nach dem Abendbrot zu essen. Uns scheint das nicht recht, weil dann das Verdauen eine Last ist. Wenn der Magen voll ist, muß es genügen. Doch eßt sie nur, wann Ihr wollt; aber vor der Mahlzeit richten sie keinen Schaden an.

B.

»O Donne, noi sian giovani fornai
dell'arte nostra buon maestri assai.

Noi facciam berlingozzi e zuccherini
conciamo ancor certi calinconcini:
abbiamo de' grandi, e paionvi piccini
di fuor pastosi e dentro dolci assai.

Facciamo ancor brannciatelle ed i gnocchi,
non grati agli occhi, anzi pien di bernocchi:
paion duri di fuor, quando li tocchi;
ma dentro poi riescon meglio assai.«

De la »Canzona de' fornai«
di Lorenzo il Magnifico

B.

Ihr Frauen, wir sind junge Bäcker, in unserer Kunst sehr erfahrene Meister. Wir backen Brezeln und Zuckerplätzchen, auch große Hörnchen – Euch scheinen sie klein – mit zarter Kruste und sehr süß gefüllt. Wir backen auch süße Brezeln und Krapfen, unansehnlich mit ihren Beulen; außen scheinen sie hart, doch ihr Inhalt schmeckt sehr gut.

C.

»Berricuocoli, donne, e confortini!
Se ne volete, i nostri son de' fini.
Non bisogna insegnar come si fanno,
ch'è tempo perso, e 'l tempo è pur gran danno;
e chi lo perde, come molte fanno,
convien che facci poi de' pentolini.«

De la »Canzona dei confortini«
di Lorenzo il Magnifico

C.

Wenn Ihr Frauen Anisplätzchen und Katzenzungen wollt: unsere sind die feinsten – unnützer Zeitvertreib ihre Zubereitung zu beschreiben. Denn um verlorene Zeit ist's schade. Viele vergeuden ihre Zeit und müssen sich später dann mit wenigem bescheiden.

D.

»Esser vuole il cialdone un terzo o piue
grosso, a ragione aver le parti sue:
ed a farli esser vogliono almen due,
l'un tenga, l'altro metta; e fansi buoni.

Se son ben cotti, coloriti e rossi,
son belli, e quanto un vuol mangiar puossi;
perchè se paiono ben vegnenti e grossi,
stringendo e' son pur piccioli bocconi.«

De la »Canzona de' cialdoni«
di Lorenzo il Magnifico

D.

Waffeln brauchen rechtens dreierlei Zutaten, doch dürfen's auch mehr sein, dazu einen Mann, der den Teig rührt, einen anderen, der sie bäckt. Schön braun gebakken kann man nach Herzenslust davon essen; denn groß und wohlgeraten sind sie wirklich zarte kleine Leckerbissen.

Die Geschichte des Ölbaumes

Die Geburt des Olivenbaumes in der griechischen Mythologie

... und Zeus sprach zu seinem Sohn Poseidon, dem Gott der Meere, und zu seiner Lieblingstochter, der schönen und klugen Pallas Athene: »Ihr beiden wollt die Herrschaft über Attika und streitet darum. Und ich sage euch: wer von euch beiden vor den Augen der hier versammelten Götter einen Gegenstand erschafft, der den Menschen den größten Nutzen bringt, der wird gewinnen. Dem schenke ich Attika und einen ihm geweihten Tempel auf der Akropolis.«
Da stampfte Poseidon ein seines zornigen und leidenschaftlichen Charakters wegen gefürchteter Gott, auf. Vor den staunenden Göttern stand ein wunderschönes, schnaubendes Roß. Poseidon war seines Sieges gewiß.
Pallas Athene aber, die Weise, berührte die Erde mit ihrer Lanzenspitze. Eine stille Ehrfurcht erfaßte die Götter. Ein kleines, unscheinbares Pflänzchen kam hervor. Es wurde zu einem großen Baum. Schillernde, grünsilbrige, lanzenförmige Blätter entfalteten sich. Langsam senkten sich die Äste zu Boden: Sie waren mit unendlich vielen grünen Fruchtperlen behangen. Der Ölbaum war geboren.
Die Götter sprachen den Sieg Pallas Athene zu. Der Olivenbaum wurde ihr geweiht. Sie bekam Attika und einen Tempel auf der Akropolis.

Der Ölbaum – der Baum des Mittelmeeres

Der Ölbaum ist seit Urzeiten der wichtigste wirtschaftliche Faktor aller Mittelmeerländer. Er bestimmte den gesamten landschaftlichen Charakter dieser Länder. Ob in Palästina, Syrien, Griechenland, Italien, Spanien, Südfrankreich oder Nordafrika: überall finden wir heute auf unseren Reisen lichte graue Olivenhaine auf den luftigen sonnigen Hängen unter tiefblauem Himmel.
Im Mittelmeergebiet sind zwei Arten und mehr als 300 Spezies des Ölbaumes (Olea

europea) heimisch: der wilde Ölbaum (Oleaster) und die wohl durch Veredelung schon im 3. Jahrtausend vor Christus aus ihm entwickelte Kulturform (Olea). Von wo aus die Wildform ans Mittelmeer kam, ist ebenso umstritten wie die Frage, von wo aus die Kulturform sich ausgebreitet hat.

Religiöses Symbol bei den alten Griechen

Die alten Griechen verehrten den Ölbaum wie ein Heiligtum. Die Regierung ernannte besondere Inspektoren, die durch die Lande zogen und dafür sorgten, daß den Pflanzen nichts geschah. Nicht mehr als zwei Bäume im Jahr durfte der Besitzer fällen, ohne hart dafür bestraft zu werden, und auch dies nur zum Zwecke religiöser Handlungen. Die Strafe aber lautete: Beschlagnahme des gesamten Vermögens und Verbannung der ganzen Familie auf Lebenszeit.

Symbol für Kriegsruhm bei den alten Römern

Die alten Römer verehrten den Ölbaum nicht minder. Nicht einmal den Göttern durfte er als Opfer gebracht werden. Bloß den heimkehrenden Kriegshelden wurde bei ihrem triumphalen Einzug in Rom ein Ölzweigkranz gewährt – eine große, göttliche Ehrung.

Symbol der Demut, der Fruchtbarkeit, des Friedens

Als Noah seine zweite Taube losschickte, um feststellen zu können, ob sich die Wasser zurückgezogen hatten, bekam er diese Bestätigung in Form eines Olivenzweigleins, das die Taube bei ihrer Rückkehr im Schnabel hielt.
Seit der Antike ist der Ölbaum Symbol für Demut, Fruchtbarkeit und Frieden.
Demut, weil er im ärmsten Boden zu gedeihen vermag und dennoch Früchte bringt. Wird er vom Menschen vernachlässigt oder gar verlassen, so verfällt er. Er

trauert, aber er stirbt nicht. Kaum spürt er die erfahrene und schützende Hand des Menschen, ersteht er augenblicklich wie Phoenix aus der Asche.
Fruchtbarkeit, weil er jahrtausendelang ganze Völkerschaften ernährt hat.
Frieden, weil er die Menschen zur Seßhaftigkeit erzogen hat. Mit Nomadendasein und Krieg ist der Olivenbaum nicht vereinbar. Und so verhalf er den Menschen, die ihn liebten, zur Ordnung und zur Zivilisation.

Die Frucht des Ölbaumes und deren Verwendung

Die Römer nahmen sich junge Olivenbäumchen mit nach England, die natürlich den Winter nicht überlebten. Diese skurrile Geschichte wird von alten Schriften bestätigt. Also mußten die römischen Eroberer ihr geliebtes Olivenöl für teures Geld mit großen Schiffen anliefern lassen, denn von englischer Butter wollten sie nichts wissen. Die Bischöfe waren über solch seltsame Eßgewohnheiten entrüstet und wetterten von der Kanzel gegen die römische Lebensart.
Aber warum dieses Interesse für den Ölbaum? Wozu dienten seine Erzeugnisse? Homer erzählt uns, daß die alten Griechen das Fell und das Haar ihrer Pferde so lange mit Olivenöl einrieben, bis sie strahlten wie der junge Tag. Die Sportler massierten damit ihre Muskeln zur Lockerung.
Die Hebräer salbten mit dem heiligen Öl jene, die zu Monarchen erwählt wurden, ihre Hohepriester. Das Öl war heilig, es kam von Gott. Was Gott entschieden hatte, war heilig. Das Volk verwendete das Öl im täglichen Leben, zur Zubereitung von Speisen, als Heilmittel in der Medizin, in der Chirurgie, in tausenderlei Formen: parfümiert als Salben und Cremes in der Kosmetik und schließlich am Abend – denn nichts ist dem Hebräer wichtiger als das Familienleben. Das Öl des Olivenbaumes erhellte seine Familiengespräche, seine behaglichen Kinderversammlungen – und somit sein ganzes Leben. Familie und Religion waren des gläubigen Juden Lebensinhalt.
Die alten Ägypter flochten Olivenzweige zu Totenkränzen und setzten sie ihren Toten auf die Stirn. Sie salbten deren Körper mit Olivenöl und gaben ihnen Schälchen mit Oliven als Totenspeise mit ins Grab. Im täglichen Leben wurde das Öl benutzt als Gesichtscreme, Haar- und Bartöl, als Massageöl für die Füße, als Reini-

gungsmittel für den Körper im Kultus: Denn nur ein »Reiner« durfte vor seinem Gott erscheinen. Sie opferten das kostbare Öl auf ihren Altären. In ihren Küchen diente es zur Herstellung von Speisen und Backwaren.
Noch heute gilt das Olivenöl als Heiligtum innerhalb des christlichen Glaubens. Taufe, heilige Kommunion, Priester- oder Bischofsweihe, letzte Ölung – keine andere Flüssigkeit könnte das Olivenöl bei sakralen Handlungen ersetzen.
All diese Dinge verdankt der Mensch dem Olivenbaum selbst, denn:

> Eines Tages gingen die Bäume hin, einen König über sich zu salben und sprachen zum Ölbaum:
> »Sei doch König über uns!«
> Aber jener sagte zu ihnen:
> »Soll ich meine Fettigkeit lassen, mit der man Götter und Menschen ehrt und hingehen, über den Bäumen zu schweben?«
> Sie wandten sich dann an den Feigenbaum und an den Rebstock, die gleichfalls ablehnten. Der Stechdorn endlich nahm die Wahl an.
>
> (Alte hebräische Fabel)

Die Olivenernte

Der Ritus des neuen Öls

Es gibt einen Augenblick im toskanischen Leben, den man als »religiös« im Sinne des kollektiven Pathos bezeichnen könnte. Es ist die schweigsame Teilnahme an einem bedeutungsvollen Ereignis voller antiker Werte: der Augenblick, in dem in den toskanischen Familien das Fläschchen mit dem neuen Öl zu Tisch getragen wird.

Das Öl wird voller Respekt probiert. Der leicht kribbelnde Geschmack ist dem neuen Öl eigen, aber diese Eigenart wird bald vergehen. Was bleibt, ist gutes Öl, und es wird ein ganzes Lebensjahr alle Mahlzeiten begleiten, deren Qualität und Reinheit bestimmen. Es ist der Freund des Brotes, seine köstlichste Würze.

Für die Bauern ist dieses neue Öl die Belohnung für ein volles Jahr harte Arbeit. Belohnung aber auch für die Freiwilligen, die 4 Monate lang ihre freien Tage für die Olivenernte opferten.

4 bis 5 Monate schwerste Arbeit

Die Olivenernte ist nicht zu vergleichen mit der Weinernte. Sie ist harte, mühevolle Arbeit, die bis in den tiefen Winter hinein dauert, von November bis Januar, manchmal bis zum Februar. Es geschehen immer wieder Unfälle: Stürze, bei dem Versuch, höher gelegene Äste zu erreichen, weil da oben die schönsten Oliven wachsen. Wenn ein Pflücker stürzt, fällt er in unterkühltem Zustand zur Erde und wird deshalb um so schwerer verletzt.

Alte und neue Apparaturen

Vieles ist getan worden, um neue Methoden des Pflückens zu erfinden, aber bis zum heutigen Tag hat man nichts Brauchbares entdeckt. In vielen Olivenhainen breitet man vor der Ernte Netze unter den Bäumen aus, damit die Oliven beim Herunterfallen nicht verlorengehen und nicht schmutzig werden. Die wichtigsten Ernteinstrumente sind Netze, ein kleiner Rechen und eine lange, stumpfe Schere. Man breitet die Plane unter dem Olivenbaum aus, lehnt die Leiter an die Äste. Der Beweglichste klettert hinauf. Mit den »Scheren« und den Rechen löst man die Früchte von den Ästen. Am Ende rafft man die »Plane« zusammen – darauf achtend, keine Olive zu verlieren –, befreit die Früchte von den Zweiglein und den Blättern und füllt sie in Jutesäcke. Jetzt sind sie bereit für die Presse. Die Plane wird unter den nächsten Baum geschoben, und die Operation wiederholt sich. Es ist eine langwierige, mühevolle Arbeit. Die Pflücker machen sich anfangs gegenseitig Mut, aber irgendwann verstummen sie vor Müdigkeit. Manche unter ihnen werden von einer Art Schlußwut erfaßt – und das ist dann der Grund für die unzähligen Unfälle.

Die letzte Anstrengung und die Belohnung

Der Winter kommt. Manche Oliven hängen noch an den Bäumen und warten darauf, heruntergeholt zu werden. Die Pflücker tragen dicke Pullover, Handschuhe und mehrere Socken übereinander. Es muß endlich ein Ende damit haben, es gibt keinen Frieden, solange noch eine einzige Olive zu sehen ist.
Die Belohnung für soviel Aufopferung und Treue ist das neue Öl. Man muß es abwarten können.
Das erinnert mich an ein Märchen aus dem Pistoieser Land. Es heißt *Uliva.*

Uliva

Ein reicher Jude hatte eine schöne Tochter. Sie hieß Uliva.
Eines Tages überließ er das Kind einer christlichen Bauernfamilie zur Pflege und versprach, nach 10 Jahren zurückzukommen. Es vergingen 14 Jahre, und der Vater war nicht heimgekehrt.
Inzwischen hatten die Bauersleute Uliva christlich erzogen und liebten sie wie eine eigene Tochter.
Plötzlich kam Ulivas Vater zurück und holte seine Tochter zu sich. Eines Tages überraschte er sie, wie sie den christlichen Glauben ihrer Stiefeltern ausübte und bestrafte sie dafür. Er hackte ihr beide Hände ab.
Uliva floh in den Wald. Sie lebte von Birnen, die ihr von einem kleinen Bäumchen direkt in den Mund wuchsen.
Dies aber war ein kostbarer Baum, es war der Baum des Königs. Der König merkte, daß Früchte fehlten und ließ den Dieb suchen. Man fand Uliva, ohne Hände. Sie war aber so schön, daß sich der König in sie verliebte und sie zur Frau nahm. Die Königinmutter jedoch mochte die neue Schwiegertochter nicht.
Als Krieg ausbrach, mußte der König einen Feldzug antreten. Die Königinmutter jagte Uliva vom Schloß, obwohl diese zwei wunderschöne Kinder hatte, und berichtete ihrem Sohn, dem König, daß Uliva im Kindbett gestorben sei.
Die verstümmelte Uliva stand aber mitten im Wald und wußte nicht, wie sie ihre Kinder ernähren sollte. Da traf sie eine Alte. Sie bat inständig um Wasser für ihre Kinder und sich selbst. Die Alte antwortete, Uliva möge ihren Mund über das Wasser des Flusses halten und selbst trinken. Aber Uliva hielt ihre Kinder unter den Armen fest, obwohl das sehr gefährlich war. Schließlich, vom Durst übermannt, beugte sie sich über das Wasser. Die Kinder entglitten ihren Armen und fielen in den Fluß.
Uliva schrie verzweifelt auf. Die Alte gab ihr den Rat, ihre Armstümpfe in das Wasser zu tauchen und ihre Kinder herauszuholen. In diesem Augenblick geschah das Wunder. Uliva bekam ihre Hände zurück, rettete ihre Kinder und floh mit ihnen in eine verlassene Waldhütte.

Unsere Oliven
le Nostre Olive

Nun kehrte aber der König aus dem Krieg zurück. Er war sehr traurig und mutlos, weil er ohne Uliva nicht mehr leben wollte.
Eines Tages ging er zum Jagen in den Wald, in dem Uliva lebte. Von einem Unwetter überrascht, flüchtete er in Ulivas Hütte. Er erkannte sie nicht. Sie erzählte ihm ihr ganzes Leben, so, als sei es ein Märchen. Schließlich begriff er, daß seine Frau und seine Kinder vor ihm standen.
... und sie lebten glücklich und zufrieden ihr Leben lang.

Der Sinn des Märchens

Ein trauriges Märchen mit glücklichem Ende. Ein Märchen, das nur dann verständlich wird, wenn man begriffen hat, daß Uliva den Olivenbaum darstellt, mit all seiner Treue, seiner Fruchtbarkeit, seinen Verstümmelungen; diesen geduldigen Baum, der seinen Durst selbst zu stillen vermag und dadurch wieder gesund wird ... Ulivas Handstümpfe berühren das Wasser und verwandeln sich in Hände, so wie der Olivenbaum eintrocknet oder gar stirbt und plötzlich neue, blühende und üppige Triebe entwickelt.

Non vuole
per crescere, ch'aria, che sole,
che tempo, l'ulivo.

G. Pascoli

Wie man das Olivenöl gewinnt

Meine Erfahrung in einer alten Ölpresse von Impruneta

Das Mahlen

Diese Ölpresse ist in einem alten toskanischen Haus aus Ziegelsteinen untergebracht. Ein Fließband führt vom Vorhof direkt zum Speicher. Die vollen Jutesäcke werden auf das Fließband gelegt und nach oben befördert, sie werden in Empfang genommen und geöffnet. In dem Speicherboden befindet sich eine trichterförmige Öffnung, die in einen schneckenartigen Kanal mündet. In diesen Trichter werden die Säcke geleert. Am Ende dieses Kanals wird mittels eines Holztürchens die Menge der Früchte portioniert.
Im Erdgeschoß fallen die »Portionen« in einen großen, runden Behälter. Darin dreht sich unermüdlich ein Mühlrad und zermahlt die reifen, schwarzen Oliven mitsamt den Kernen zu Brei. Schräg darunter steht ein anderer Behälter, dreht sich ein anderes Mühlrad. Ist die abgepaßte Menge im oberen Abteil zermahlen, kommt sie in den unteren Behälter. Dieser hat eine Temperatur von 20 Grad. Das schwache Aufheizen ist nötig, damit die Masse weicher wird. Hier entsteht nun die allerfeinste Olivenpaste.

Das Aufschichten der Ölpaste

Vor diesem letzten Mühlrad steht empfangsbereit ein Gerät, das aussieht wie ein riesiger Schallplattenteller mit einem hohen Mittelstab. Daneben liegt ein Stapel großer runder Bastmatten von 60 cm Durchmesser mit einem Loch in der Mitte. Die Olivenpaste wird auf eine Matte aufgetragen; diese Matte wird nun behutsam über den Mittelstab eingefädelt und langsam zu Boden geleitet. Dieser Vorgang wiederholt sich so lange, bis das Gerät voll beladen ist. So entsteht ein Turmaufbau von Matten, dazwischen immer wieder Ölpaste, vergleichbar mit einem Turm von aufeinandergelegten Pfannkuchen mit Fleischfüllung.

Die Presse

Dieser Aufbau wird nun zur Presse gerollt. Der Pressenstempel wird auf die obere Schicht gelegt, und die Schrauben werden angezogen. Die Olivenflüssigkeit tropft langsam aus den Matten in eine Wanne. Je langsamer dieser Prozeß vor sich geht, desto schmackhafter wird das Öl. Schnellere, moderne Verfahren beeinträchtigen die Qualität.

Die Zentrifuge

Ein Rohr leitet die Flüssigkeit zur Zentrifuge. Hier wird das Öl geboren. In der Zentrifuge trennen sich Fruchtwasser und Öl voneinander. Aus einem Hahn fließt rotgefärbtes Wasser, aus dem anderen tropft das kostbare, grüne, dickflüssige Olivenöl, das Olio nuovo.

Das Öl ist fertig

Das Öl wird in einem »Orcio«, dem traditionellen toskanischen Tongefäß, aufgefangen. Es wird mit einer kupfernen Kelle herausgeholt und in Krüge und Flaschen gefüllt. Diese Kelle hat eine treue Mitarbeiterin: eine kupferne Pfanne, die unter das jeweilige aufzufüllende Gefäß gehalten wird. Kein einziger Tropfen dieser Kostbarkeit darf verlorengehen.

Das Fest: Fettunta und Chianti

Im Nebenraum ist heiteres Stimmengewirr. Dort wird gefeiert. Es gibt die »Fettunta«, das typische Essen der Olivenpflücker. Geröstete Brotscheiben, mit Knoblauch eingerieben und in neues Olivenöl getaucht. »Fetta« heißt Scheibe, »unta« geölt. Dazu gibt's guten Landwein. Und jeder, der will, kann mitfeiern.
Und während man feiert, fließt das neue Öl.

Die Gewürze

Ihre frühere Bedeutung und ihre aktuelle Verwendung

Der Gebrauch von Gewürzen ist in der Toskana gemäßigt und genau berechnet. Ist es auch schwierig geworden, die antiken Gründe für gewisse rituelle Annäherungen wiederzufinden, so ist es doch am besten, man hält sich an die Anleitungen. In ihnen verstecken sich sicherlich tiefer Sinn und lange Erfahrung.
Unser Ratschlag: Auch wenn Sie keinen Gemüsegarten, keinen Balkon und kein Blumengärtchen haben, ziehen Sie Ihre Kräuter selbst auf einem Fensterbrett, und verwenden sie frisch. Sie werden sich über ihren unverfälschten Duft und ihre Eigenschaften freuen.
Die Verwendung von Kräutern hatte in früheren Zeiten einen besonderen Grund. Sie diente zur Unterdrückung des unangenehmen Geschmacks – und Geruchs – von zu lange gelagertem Fleisch. Es gab natürlich keine Eisschränke und nur ganz selten Eiskeller, letztere eigentlich nur im Norden Europas. Es wird berichtet, daß ein übertriebener Gebrauch von Kräutern und Gewürzen stattfand. Das Resultat wird nicht übermäßig köstlich gewesen sein.
Eines der populärsten toskanischen Märchen ist »Prezzemolina« (Prezzemolo = Petersilie).
Eine Frau erwartet ein Kind und stirbt fast vor Sehnsucht nach Petersilie. Schließlich findet sie im Garten der Feen, was sie sucht. Sie stiehlt die Pflanzen, um sie zu essen. Die Feen überraschen sie und nehmen ihr das Versprechen ab, ihr Kind Prezzemolina oder Prezzemolino zu nennen und es, wenn es groß ist, den Feen zu schenken.
Prezzemolina wird geboren. Kaum ist sie herangewachsen, kommen die Feen, um sie abzuholen und sie aufzuessen. Es gelingt Prezzemolina mit Hilfe von Meme, einem Vetter der Feen, zu entkommen, vor allem dem Mund Fata Morganas. Prezzemolina hält die Feen zum Narren und es gelingt ihr, sie letzten Endes alle zu tö-

ten. Sie heiratet Meme und »so lebten und genossen sie, immer im Frieden waren sie ..., und nichts zu mir sagten sie.«
Alles ist klar. Das Problem der Petersilie ist ihre Geburt. Die Bauern wünschen ihr weiche Erde und viel Feuchtigkeit, aber von beiden gibt es in der Toskana wenig. Wenn die Geburt gelingt, wächst sie stark und hartnäckig, und es ist schwer, sie umzubringen. Die Petersilie gehört in fast jedes Gericht, »ist wie Petersilie«, sagt man von jemandem, den man immerzu trifft oder von etwas, das man überall hintut.

Rosmarin rosmarino

Einer der köstlichsten Düfte, der aus einer Küche zu dringen vermag, ist der Duft eines Bratens mit Rosmarin. In der Toskana wächst er in dicken Büschen an Holzstämmen. Man erntet ihn das ganze Jahr hindurch – aber er mag keine Kälte, kein Eis. Der Rosmarin behält dank seiner Blätterform seinen frischen Duft noch Monate, nachdem er gepflückt wurde. Man kann im Herbst ein Gläschen mit den Blättern füllen und ihn so bis zum Frühjahr konservieren.

Lorbeer alloro

Der Lorbeerkranz gehörte zu jeder ehrenvollen Krönung. Schade, daß es das heute nicht mehr gibt. Der Lorbeer wächst als starke Pflanze heran und wird zu einem großen Baum. Die Blätter lassen sich gut aufbewahren, sie sind trocken und von köstlichem Duft. Frisch gepflückt, ein wenig in die Sonne gelegt und in ein Glas gefüllt, erfreuen sie in den kalten Wintermonaten.
Der Lorbeer gehört in den Sugo, in Wildgerichte, und manche mögen ihn zu Schweinefleisch.

Thymian timo

Der Thymian ist ein etwas vernachlässigtes Gewürz. In der Toskana hat er einen eigenen Namen und heißt Pepolino. Er wird mit Pilzen, Zucchini, in Fleischsaucen und in Braten verwendet.

Petersilie prezzemolo

Kaufen Sie sich ein Töpfchen mit Petersilie, stellen Sie es auf ein Fensterbrett (wenn es kalt ist) oder auf den Balkon (wenn es warm ist), und Sie werden immer frische Petersilie haben. Kaufen brauchen Sie sie nur dann, wenn Sie sehr viel davon brauchen, wie zum Beispiel für das Kaninchen in Tomatensauce mit den Tagliatelle. Wollen Sie sie im Eisschrank konservieren, zupfen Sie die Blättchen ab, füllen Sie sie in ein Gläschen und stellen es ins Tiefkühlfach. Sie bleibt herrlich frisch. Die Petersilie ist richtig verheiratet mit der Tomate. Sie gehört in alle Saucen, in Fleischgerichte, in Tomatensauce – eigentlich überallhin, nur nicht in den Rostbraten.

Basilikum basilico

Das Wort kommt aus dem Griechischen und bedeutet königlich. Ihres Duftes und der Schönheit ihrer Blätter wegen ist es eine wundervolle Pflanze. Es ist das Sommergewürz der frischen Gerichte und der Tomatensaucen. Es begleitet Mozzarella auf der Brotscheibe oder den Salat und ist die Hauptzutat des »Pesto«.
Kaufen Sie sich ein Sträußchen Basilikum mitsamt den Wurzeln, stecken Sie es in ein Glas mit Wasser; sobald die Wurzeln erstarkt sind, pflanzen Sie es in ein Töpfchen: Sie werden den ganzen Sommer und Winter frisches Basilikum haben. Pflükken Sie die Blättchen von oben nach unten, damit die Pflanze stark wird.

Pferdeminze nepitella

Die Pferdeminze ist ein aromatisches, wildwachsendes Gewürz. Es ist nicht leicht, sie zu finden, meistens nur zur Pilzzeit. Pilze mit Pferdeminze – das ist die höchste Raffinesse! Findet man sie auf dem Markt, sollte man sich unbedingt ein Sträußchen davon mit nach Hause nehmen. Man kann sie aber auch durch einfache Minze ersetzen – das Resultat ist gar nicht so schlecht.

Fenchelsamen finocchiella

Der Duft des Fenchelsamens ist in der Toskana sehr beliebt, und das hat seinen guten Grund: Es ist der Duft der Finocchiona, einer Fenchelwurst aus Schweinefleisch, ganzer Stolz der Florentiner Metzger.
Den Samen zu finden, ist nicht schwer. Schwieriger ist es, ihn richtig zu verwenden. Oft wird dieses Gewürz vernachlässigt, andere aromatische Kräuter werden vorgezogen.
(Siehe Rezept des Pollastro affinocchiato)

Kochratschläge

Olivenöl olio di oliva

Wir haben viel über das Olivenöl gesprochen. Wir haben erklärt, wie es gewonnen wird und haben erzählt, welche Bedeutung es in der Kultur und der Küche der Toskana einnimmt. In den Rezepten beziehen wir uns immer auf das neue Öl, das heißt auf die erste Pressung der Oliven – außer in den Fällen, in denen reichlich Frittieröl gebraucht wird. Wir sind uns bewußt, wie schwer es ist, das echte Öl aus der Presse auf dem Markt zu finden und geben Ihnen deshalb den folgenden Rat: Kaufen Sie das Öl direkt beim Produzenten, im Frantoio. Achten Sie im übrigen bei dem Kauf von Olivenöl auf Geschmack und Geruch; saures Olivenöl kann den größten Teil unserer Rezepte verderben. Wenn Sie keine Wahl haben, nehmen Sie lieber ein gutes Pflanzenöl: Es ist besser als schlechtes Olivenöl.

Essig aceto

Für Essig gilt die Regel: Guter Wein gibt guten Essig.

Tomaten pomodori

In der Toskana wie in ganz Italien auch besteht der ganze Stolz der Familie in der Herstellung einer hauseigenen Tomatensauce. Dazu braucht es Fleiß, die erfahrene Mitarbeit der gesamten Familie und saftige, reife Tomaten. Wir raten Ihnen deshalb, den Sommer auszunutzen, die Zeit, in der die Tomaten reif und nicht allzu teuer sind. Kochen Sie Ihren eigenen Vorrat selbst. Man kann die Sauce ziemlich lange im Eisschrank aufbewahren, und ihr Geschmack ist einzigartig.

Im Winter gibt es dann die Dosen. Für einige unserer Rezepte nehmen Sie geschälte, für andere wiederum passierte Tomaten. Letztere Möglichkeit erleichtert die Arbeit, man braucht nicht zu pürieren, und das Gericht ist schneller zubereitet. Gehen Sie Tomatenmark aus dem Weg. Es dient nur zur Farbgebung. Die Tomaten soll es nicht ersetzen. Wir raten Ihnen prinzipiell davon ab, auch um jegliche Verwirrung zu vermeiden.

Käse formaggio

In der toskanischen Küche ist der meistverwendete Käse – auch für die Pasta – der gelagerte Pecorino. Ein guter Ersatz für ihn ist der Parmesankäse, welcher oft sogar Pflicht ist. Wenn Sie ein großes Stück Parmesan kaufen, wickeln Sie ihn in ein weißes Tuch, und legen ihn in den Eisschrank. So bleibt er frisch und appetitlich.

Teigwaren pasta

Tagliatelle, Pappardelle, Ravioli, Tortellini, Lasagne sind Eiernudeln. Spaghetti aber, Penne, Maccheroncini, Vermicelli, Chiocciole, Rigatoni sind Teigwaren aus Weizengrieß und Wasser. Für letztere raten wir zu italienischen Produkten, sie sind von höchster Qualität.

Vielleicht wissen es alle, aber wir möchten es wiederholen: die Pasta muß in reichlich Salzwasser gekocht werden. Es gilt 1 Liter Wasser auf 100 g. Die Garzeiten sind verschieden – viele Angaben auf den Packungen stimmen nicht immer. Da hilft nur ausprobieren. In der Regel wird die Pasta abgeseiht, wenn sie al dente, d. h. bißfest ist. Auch werden die Nudeln nicht abgeschreckt, weder heiß noch kalt. Man kann die Schüssel vorwärmen; in Italien wird das nicht gemacht, aber wahrscheinlich weil es ohnehin so warm ist, daß die Pasta keine Zeit hat, zu erkalten.

Artischocken carciofi

Wenn wir von Artischocken sprechen, so meinen wir die kleinen zarten, die man roh essen kann oder als Salat angemacht. Leider bekommt man diese Artischocken nicht im Handel (außer man hat einen Artischockenverkäufer auf dem Markt als Freund). Gängig sind die großen französischen oder kleinen italienischen Artischocken, aber sie sind eben nicht klein genug. Deshalb Vorsicht beim Putzen. Darauf achten, daß alle harten Blätter und der behaarte Innenteil entfernt werden. Außerdem müssen sie lange kochen.

Knoblauch aglio

Er ist aus der toskanischen Küche nicht wegzudenken. Man kann seine Verwendung individuell und nach Lust und Laune regulieren. Wenn die Schärfe des Knoblauchs – vor allem wenn er roh verwendet wird – stört, soll man ihn eine Minute in kochendes Wasser legen, dann verliert er seinen penetranten Geschmack. Beim

Braten ist Vorsicht geboten, er darf nie braun werden oder gar anbrennen, er wird bitter! Bei Rostbraten ganz lassen!

Peperoncino peperoncino

Der Peperoncino ist eine kleine, rote Pfefferschote. Sie dient dazu, das Gericht pikant zu machen. Wir empfehlen ihn ziemlich oft anstelle des schwarzen Pfeffers, vor allem für die Saucen zu den Teigwaren.

Obwohl die Toskaner gerne schwarzen Pfeffer verwenden, sind auch sie mit der Zeit auf den Geschmack des Peperoncino und dessen therapeutische Wirkung gekommen. Er hat einen triumphalen Einzug in die toskanischen Küchen gehalten.

Verwenden Sie ihn mit Vorsicht! Aber seien Sie versichert: auch wenn Ihnen die Hand ausrutschen sollte, der Peperoncino ist gesund!

Anchovis acciughe

Wenn wir in unseren Rezepten von Anchovis sprechen, meinen wir die in Salz eingelegten Filets. Sie sind fettlos und haben einen scharfen Geschmack.

Zuerst müssen sie von dem Salz befreit und gründlich gewaschen werden. Wenn man mit Anchovis kocht, muß die Salzdosis im Gericht sorgfältig abgewogen werden.

In der Toskana (und in ganz Italien) kann man die Anchovis offen und nach Gewicht kaufen. Sie sind ganz besonders köstlich!

Gerichte – Rezepte

Der Aperitif

Abgesehen davon, daß er gut schmeckt, hat er auch seinen Sinn.
Es gibt so viele Aperitifs, wie es raffinierte Mixturen gibt, und es gibt so viele raffinierte Mixturen, wie es Menschen mit Erfindungsgabe gibt. Aber auch die bereits ausgeklügelten Aperitifs, die man fertig kaufen kann, sind köstlich. Mit einem Zitronenschnitz, einem Würfel Eis und von einer fröhlichen Farbe, die das Auge beglückt, verwandelt sich ein Getränk in eine Brücke. Während man trinkt, verschwindet der Alltag im Nebel. Der Hunger kommt. Dieser Hunger aber ist kein nagendes Gefühl. Es ist die Freude auf kulinarische Köstlichkeiten, es ist der Appetit.
Der Name Aperitif kommt von »aprire«, öffnen. Der Aperitif öffnet Herz und Magen. Die Brücke führt vom langweiligen Grau ins lustvolle Bunte.
Das ist eine der beiden Existenzberechtigungen des Aperitifs.
Die andere ist praktischer Art.
Keine Hausfrau, und sei sie noch so perfekt, könnte ihren Gästen das Essen pünktlich vorsetzen. Nach der Begrüßung überläßt sie die Gäste der Obhut des Hausherrn und verschwindet in der Küche. Es ist nicht mehr viel zu tun, aber die letzten Handgriffe sind die wichtigsten.
Sie braucht nicht nervös zu werden. Die Gäste sind bestens untergebracht. Jetzt bekommt der Aperitif seine zweite Existenzberechtigung. Die Gäste brauchen sich nicht mit Geduld zu wappnen. Das Fest hat bereits begonnen. Ein Fest für die Augen, den Magen und den Kreislauf. Es gilt für die Gäste und für die Gastgeber zugleich, weil das liebevoll zubereitete Essen vergnügten Menschen vorgesetzt wird.
In Italien existiert dazu eine sympathische Alternative. Es ist die Bar. Kein Italiener läßt sich die Freude am Aperitif nehmen. Bars gibt es in Italien wie Sand am Meer. Frühmorgens sind sie angefüllt mit eiligen Frühstück-Einnehmern. Ab zwölf Uhr mittags aber steht dichtgedrängt die gesamte italienische Nation vor den Theken.

Ob sie nun anschließend ins Restaurant gehen oder nach Hause, der »Aperitivo« wird in der »Hausbar« eingenommen. Jeder hat seine eigene Bar. Der Barmann stellt ohne viel Worte das gewünschte Getränk vor den Gast. Er kennt die Gewohnheiten seiner Kunden.

Das Lieblingsgetränk der Toskaner aber ist und bleibt ihr eigener Wein: kühler Weißwein und rubinroter Chianti – auch als Aperitif.

Für jene, die sich vor dem Essen mit dem traditionellen Gläschen Wein nicht zufriedengeben, haben wir einige Rezepte für köstliche Aperitifs zusammengestellt. Sie werden Ihre Gäste damit bestimmt beglücken, und Ihre Einladung wird zu einem vollen Erfolg!

Diese Getränke sind fast ausnahmslos »trocken«. Unserer Meinung nach passen sie am besten zur toskanischen Küche.

Einige unter ihnen werden auf der Basis von Fruchtsaft gemixt (Orange, Zitrone) und können deshalb auch als Cocktail gelten.

Wir haben sie für jene aufgeschrieben, die vor dem Essen lieber etwas »Leichtes« trinken.

1 Americano

1/2 Bitter, 1/2 roter Vermouth

Mit Sodawasser auffüllen und mit Zitronenschale garniert servieren.

2/3 Punt e Mes, 1/3 Bitter Campari, 1 Orangenscheibe

Punt e Mes und Bitter über Eiswürfel gießen, mit Soda auffüllen und mit Orangenscheibe garniert servieren.

2 Aperitif

40 gr. Aperol, sehr kalt, pur, mit einem Spritzer Seltz oder Mineralwasser strecken und mit einer Zitronen- oder Orangenscheibe garniert servieren.

3 Attesa

2/3 Brandy, 1/3 reiner Marsala, 1 Spritzer Erdbeersirup

Mit Eiswürfeln in Shaker zubereiten und in niedrigen Kelchgläsern, mit einer frischen Erdbeere garniert, servieren.

4 Autumn

2/3 Pflaumenlikör, 1/3 süßer Vermouth

Mit einer Zitronenschale garniert servieren.

5 Bitter Campari »classico«

Bitter Campari gekühlt in ein Glas schenken. Eventuell mit etwas Mineralwasser verlängern oder auf Eis servieren.

6 »Bleu Air«

2/10 Sambuca, 4/10 Zitronensaft, 1/10 Curaçao bleu, 2/10 Amaretto

Alles gut mischen, einen Tropfen Eiweiß hinzufügen und mit Limonade auffüllen.

7 Bombay

1/2 Brandy, 1/4 Vermouth dry, 1/4 roter Vermouth, 1 Tropfen Pernod, 2 Tropfen Curaçao

Mit wenigen Eisstücken im Shaker zubereiten und servieren.

8 »Bora Bora« con Vin Santo

1/2 Brandy, 1/4 Vin Santo secco, 1/4 Orangensaft

Mit viel Eis gut schütteln und mit Zitronenschale garniert servieren.

9 Bruno

1/4 Punt e Mes, 3/4 Wodka, einige Tropfen Fernet Branca

Über Eis mit einer Olive garniert servieren.

10 Caruso

1/3 Dry Gin, 1/3 Vermouth Dry, 1/3 grüner Pfefferminzsirup

Mit wenigen Eisstücken im Shaker zubereiten und servieren.

11 Cynar

Cynar ins Glas. Eis dazu und mit Soda im Verhältnis 1:1 auffüllen.

Cynar auf Eis mit Orangensaft im Verhältnis 1:1 auffüllen. Mit Orangenscheibe garniert servieren.

12 »Gold Lion«

2/3 Rosso Antico, 1/3 Wodka, Saft einer halben Zitrone, Saft einer Apfelsine

Mit einem Minzezweig garnieren.

13 Golden Russian

1 Teil Liquore Galliano, 1 Teil Wodka

In ein hohes Glas mit Eiswürfeln gießen. Mit einer Zitronenscheibe garnieren.

14 »Goldfinger«

2/3 Rosso Antico, 1/3 Wodka, 1 Schuß Zitronensaft, 2 Schuß Orangensaft

Das ganze gut schütteln.

15 Ivana

1/3 Amaro, 1/3 Brandy, 1/3 süßer Vermouth, Eiswürfel und Mineralwasser

Mit einer Orangenscheibe und Minzeblättern garnieren.

16 »Lord Byron«

1/5 Rosso Antico, 1/5 Orange Brandy, 3/5 Scotch Whisky, einige Tropfen Angostura bitter

Alles gut schütteln und mit einer Orangenscheibe garniert servieren.

17 Mi-To

1/2 Bitter Campari, 1/2 roter Vermouth, 1 Spritzer Seltz, 1 Stückchen Zitronenschale

Mit Eiswürfeln im Mixer zubereiten, in niedrige Kelchgläser füllen, kurz mit Mineralwasser spritzen, die Zitronenschale hinzufügen und servieren.

18 Negroni

1/2 Orangenscheibe, 1 Eiswürfel, 1/3 roter Vermouth, 1/3 Bitter Campari, 1/3 Dry Gin

Alles direkt in einem mittleren Becherglas gut mischen und servieren.

19 »Natalia«

1/3 Averna, 1/3 weißer Vermouth, 1/3 Gin, 1 Spritzer Cointreau

Im Rührglas zubereiten und mit Eiswürfeln, einer halben Orangenscheibe und einer Maraschinokirsche servieren.

20 Old Pal

1/3 Vermouth Dry, 1/3 Bitter Campari, 1/3 Whiskey Rye

Alles in einem Mixing-Glas gut mischen und servieren.

21 Oriental

1/4 roter Vermouth, 1/4 weißer Curaçao, 2/4 Whiskey Rye, 2 TL frischer Zitronensaft

Mit Eiswürfeln im Shaker zubereiten und servieren.

22 Pinky

1/3 Aperol, 1/3 Vermouth Dry, 1/3 Gin

Alles mit Eis mixen und mit einer Zitronenscheibe garnieren.

Aperitifs
Aperitifs

23 Rose

2/3 Vermouth Dry, 1/3 Kirsch, 1 Tropfen Erdbeersirup

Im Mixing-Glas zubereiten und servieren.

24 »Shaft«

30 gr. Aperol, 30 gr. Gin, Spumante Brut

Aperol und Gin in ein hohes Glas gießen und umrühren. Mit Spumante Brut auffüllen und mit einer Zitronen- oder Orangenscheibe garniert sehr kalt servieren.

25 Strega Cooler

2 Teile Strega-Likör, 6 Teile Pampelmusensaft, einige Tropfen Angostura-Saft

In einem hohen Glas auf Eis servieren.

26 Duchess

1/3 roter Vermouth, 1/3 Vermouth Dry, 1/3 Absinth

Mit wenigen Eisstücken in einem Mixing-Glas kräftig mischen und servieren.

Cocktails

27 »Florence«

3/6 Brandy, 2/6 Vermouth Dry, 1/2 TL Pfefferminzsirup, 2 Tropfen Orange Bitter

Im Shaker mit Eiswürfeln zubereiten, im Cocktailglas servieren.

28 B & C

1/2 Bitter Campari, 1/2 Zitronensaft, 1 TL Zuckersirup

Mit Eiswürfeln im Shaker zubereiten und in eisgekühlten Cocktailgläsern servieren.

29 Bitter Pompelmo/Bitter Orange

1/4 Bitter Campari, 3/4 Pampelmusensaft oder Orangensaft

Mit Eisstücken direkt im Longdrinkglas zubereiten.

30 »Cocktail Antichissimo«

1/3 Rosso Antico, 1/3 Gin, 1/3 Orangensaft

Mit Tonicwasser auffüllen und mit einer Zitronenscheibe garnieren.

31 Durstlöscher »alla Grappa«

1 1/2 Cocktailgläser Grappa, 2 Cocktailgläser Zitronensaft, 1/2 Cocktailglas gesüßter Ananassaft, 2 Scheiben Ananas, eiskaltes Seltz oder Sodawasser, Eiswürfel

Den Shaker bis zu 1/3 mit Eis füllen, Zitronensaft, Ananassaft und Grappa hinzufügen. Alles sehr gut schütteln. In ein hohes Glas gießen und mit Seltz oder Sodawasser auffüllen. Mit einer Ananasscheibe garnieren und sofort servieren.

32 Honeymoon

4/6 Brandy, 1/6 Cointreau, 1/6 Weißwein

Mit Eiswürfeln im Shaker gut mischen und in einem vorgekühlten Cocktailglas servieren.

33 »Italian Dream«

2/5 Sambuca, 1/5 Gin, 1/5 Campari, 1/5 Pfirsich-Brandy

Alles gut mischen und beliebig garniert servieren.

34 »Klassischer« Campari-Cocktail

1/3 Bitter Campari, 1/3 Dry Gin, 1/3 roter Vermouth

Mit Eisstücken im Mixer gut mischen. Im Cocktailglas, mit einer Orangenscheibe garniert, servieren.
Kann auch als Longdrink mit Soda getrunken werden.

35 Martini

3/4 Dry Gin, 1/4 Vermouth Dry

Mit Eiswürfeln im Mixing-Glas zubereiten, in vorgekühlte Cocktailgläser füllen, mit Zitronenschale spritzen und eiskalt servieren.

36 Riviera

2/3 Brandy, 1/6 Aurum, 1/6 Zitronensaft, Spumante Brut, sehr kalt

Brandy, Aurum und Zitronensaft mit Eiswürfeln in einem Shaker gut schütteln, in Sektgläser füllen und mit Spumante aufgefüllt servieren.

37 Saronno sour

2/3 Amaretto, 1/3 Zitronensaft

Mit gehackten Eisstücken im Shaker mixen. In ein Cocktailglas füllen und mit einer halben Orangenscheibe und einer Cocktailkirsche garniert servieren.

38 Strega Comet

1 Teil Strega-Likör, 3 Teile Vermouth Dry oder Weißwein

Mit Eiswürfeln schütteln, in ein Cocktailglas filtern. Zum Servieren mit einer Orangenschale garnieren.

39 »Summer«

1/3 Amaro, 1/3 Gin

Mit Tonicwasser und vielen Eiswürfeln auffüllen. Mit einer Orangenscheibe garniert servieren.

40 »Estate«

30 ccm Brandy, 2 Spritzer Cherry, 1/2 Fläschchen Orangensaft, 2 kleine Eiswürfel

41 Verbena

1/3 weißer Grappa, 1/3 Birnen-Grappa, 1/3 Bitter Campari, Eiswürfel

Alles im Shaker gut mischen, in Cocktailgläser füllen, mit Orangenschale spritzen und servieren.

42 Schwarze Oliven in Orangenschale
Olive nere al sapore d'arancia

Das Rezept stammt von Gianna. Ich habe diese Oliven oft bei ihr gegessen, begleitet von einem Gläschen Vin Santo als Aperitif.

Man pflückt die reifen, schwarzen Oliven vom Baum und achtet dabei darauf, nur die schönsten und gesündesten auszuwählen.
In einem großporigen Säckchen mischt man die Oliven mit Zucker und geriebener Orangenschale. (Der Stoff muß luftdurchlässig sein.) Man hängt das Säckchen in die Nähe einer Wärmequelle, beispielsweise an eine Ofentüre des Holzherdes oder an die Heizung. Ab und zu leicht durchschütteln.
Nach circa 7 Tagen sind die Oliven trocken und haben eine runzelige Haut. Dann erst, das heißt, wenn sie all ihre Säure verloren haben, sind sie eßbar – und köstlich.

Die Vorspeisen

Die Vorspeisen wie beispielsweise die Crostini mit der saftigen Leberpaste, aber auch jene mit anderen leckeren Belagen haben in der Toskana eine jahrhundertealte Tradition. Dazu gesellt sich die Platte mit dem rohen Schinken und den diversen Wurstspezialitäten, die nie fehlen darf. Sie läuten ein zum guten Essen. Man bekommt sie überall: im Restaurant, bei den Bauern, bei den Bürgern und in Schlössern.
Wir meinen aber, daß man die Crostini nicht allein zur Vorspeise abstempeln sollte. Man kann sie zu den verschiedensten Gelegenheiten servieren.
Die Crostini mit Mozzarella zum Beispiel passen gut zu einem kleinen Imbiß. Sie können aber auch eine Mahlzeit ersetzen, wenn die Zeit zum Kochen knapp ist.
Crostini mit Butter und Thunfisch oder Sardellenbutter werden kalt gegessen. Das gibt der Hausfrau die Möglichkeit, diese Leckerbissen in aller Ruhe vorzubereiten.
Für Gäste, die nach dem Nachtmahl zu einem Glas Wein eingeladen sind, verwandeln sie sich in willkommene Appetithäppchen.
Andere Crostini wiederum, wie jene getrüffelten, bei einem eleganten Cocktail gereicht, werden ihre Wirkung bestimmt nicht verfehlen.

43 Tomatensalat mit Mozzarella und Basilikum *Pomodori con la mozzarella e basilico*

4 Fleischtomaten, 500 g Mozzarella, 1 Schalotte (nach Wunsch), 1 EL Weinessig, Olivenöl, Salz, Pfeffer, 1 Bund frisches Basilikum

Die Tomaten waschen, in Scheiben schneiden, dabei den Blütenansatz wegschneiden. Die Mozzarella abtropfen lassen und ebenfalls in Scheiben schneiden.
Tomaten und Mozzarella dachziegelartig auf einer Platte anrichten. Die Schalotte schälen und feinschneiden.
Aus dem Weinessig, Öl, Pfeffer und Salz eine Salatsauce rühren und über die Mozzarella-Tomatenscheiben geben. Die Basilikum-Blättchen grob zerpflücken und über das Gericht streuen.
Am besten schmeckt dazu knuspriges Stangenweißbrot.

44 Brot mit Tomaten *Pane e pomodoro*

Scheiben von dunklem, toskanischem Brot, Tomaten (1/2 Tomate für jede Scheibe), Basilikumblätter, Knoblauch, Salz, Pfeffer, Öl

Die Brotscheiben mit Knoblauch, den entkernten, halbierten Tomaten einreiben, salzen, pfeffern. Die Haut wegwerfen. Darüber ein wenig frisches Öl gießen, und mit einem Blatt Basilikum dekorieren.
Eine sommerliche Zwischenmahlzeit, sobald es frische, schöne, reife Tomaten gibt.

45 Geröstete Weißbrotscheiben mit Trüffeln *Crostini ai tartufi*

Baguette (Menge nach Belieben), Butter, Zitrone, Trüffeln (Menge nach Belieben), geriebener Parmesan, Semmelbrösel, etwas Fleischbrühe, Öl, Salz, Pfeffer

Das Brot in schräge, etwa 2 cm dicke Scheiben schneiden, im Backofen rösten. Mit Butter bestreichen, solange die Schnitten noch heiß sind.
In eine Kasserolle mit wenig Olivenöl eine Schicht in Scheibchen geschnittener Trüffeln legen, ein klein wenig Parmesan und Semmelbrösel darüberstreuen. Auf die gleiche Weise so lange hochschichten, bis die Trüffeln aufgebraucht sind. Mit Olivenöl beträufeln, salzen, pfeffern. Die Kasserolle auf das Feuer stellen. Wenn die Trüffeln zu kochen beginnen, mit etwas Fleischbrühe löschen. Den Zitronensaft dazugeben, vom Feuer nehmen.
Die Crostini mit den heißen Trüffeln belegen und sofort servieren.
Wichtig: Vorsicht beim Gebrauch der Zutaten, damit Duft und Geschmack dieses kostbaren Gerichtes nicht beeinträchtigt werden.

46 Mozzarella auf der gerösteten Brotscheibe

Mozzarella sul crostino

1 Mozzarella, 8 Scheiben Baguette, 2 geschälte Tomaten, 8 Blätter Basilikum, Kapern, Salz, Pfeffer, Öl

Die Brotscheiben auf einem Backblech anordnen. Darauf die Mozzarellascheiben legen, und darüber die Tomatenstückchen verteilen. Salzen, pfeffern. Mit den Basilikumblättern und einer Kaper garnieren. Mit einigen Tropfen Öl beträufeln. Im Ofen bei mittlerer Hitze backen, bis das Brot knusprig ist.
Wird als Vorspeise, aber auch als Zwischenmahlzeit serviert.

47 Geröstete Brotschnitten mit Leberpaste

Crostini di fegato

6 Hühnerlebern, 100 g Milz, 1 Gläschen Vin Santo, 4 EL Brühe, 1 TL Anchovispaste, 1 TL Kapern, 1 Baguette, 5 Zweiglein Petersilie, 1/2 Stange Sellerie, 1/2 Karotte, 1/2 Zwiebel, 1 Knoblauchzehe, 1 Prise Salz, Pfeffer, 1 Zitrone

Die Hühnerlebern sorgfältig säubern (Galle entfernen) und waschen.
Den Sellerie, die Karotte, die Petersilie, den Knoblauch und die Zwiebel kleinhakken.
Das gehackte Gemüse mit den ganzen Hühnerlebern und der Milz in ein wenig Öl 2-3 Minuten dünsten, dann den Vin Santo zugießen, durchrühren, verdampfen lassen. Noch 5 Minuten weiterdünsten, dann alles zusammen durchpassieren.
Die Paste wieder in die Kasserolle zurückgeben. Die Brühe, die Anchovispaste, die Kapern, die Prise Salz und den Pfeffer damit vermischen.
Das Weißbrot in dünne Scheiben schneiden, im Backofen rösten.
Kurz vor dem Servieren mit der Paste bestreichen. Auf einer Platte anrichten, mit der Petersilie und Zitronenscheiben verzieren und servieren.

48 Geröstete Weißbrotschnitten mit Pilzen
Crostini con i funghi

200 g Pilze, 8 Scheiben toskanisches Weißbrot oder Baguette, 1/2 Bund Petersilie, 2 Knoblauchzehen, Salz, Pfeffer

Die gesäuberten, abgebrausten und blättrig geschnittenen Pilze in Öl anbraten, mit gehacktem Knoblauch, Petersilie, Salz und Pfeffer würzen und etwas ziehen lassen. Auf den gerösteten Weißbrotscheiben anrichten, mit Petersilie dekorieren und heiß servieren.

49 Geröstete Weißbrotschnitten mit Anchovis
Crostini con le acciughe

Dünnes Weißbrot oder Baguette (Menge nach Belieben), Anchovisfilets (in Salz eingelegt), Butter, Kapern, Petersilie

Die Anchovisfilets fein hacken und mit reichlich Butter so lange durchkneten, bis eine weiche Paste entstanden ist.

Das Brot in schräge Schnitten schneiden. Im Backofen rösten. Herausnehmen, abkühlen lassen, mit der Anchovisbutter bestreichen, und eine Kaper in die Mitte legen.
Mit frischer Petersilie dekorieren und servieren.

50 Geröstete Weißbrotschnitten mit Spinat

Crostini con spinaci

1 dünnes Baguette, 300 g Blattspinat, 50 g Butter, 3 harte Eier, Salz, Pfeffer

Den Spinat kochen, gut ausdrücken, in eine Pfanne mit der Butter geben, gut durchrühren und ziehen lassen. Salzen, pfeffern.
Das Brot in schräge Scheibchen schneiden und zum Rösten in den Backofen oder den Toaster geben. Man kann sie auch mit ein wenig Olivenöl in einer Pfanne abrösten.
Die gerösteten Schnitten auf einer Platte anordnen, eine Schicht Spinat darüberlegen und jede mit einer Scheibe Ei dekorieren. Ein wenig nachsalzen und nachpfeffern.
Servieren.

51 Geröstete Brotscheiben mit Thunfisch

Crostini al tonno

1 kleine Dose Thunfisch, Scheiben Weißbrot (Baguette), 100 g Butter, Kapern

Die Butter und den Thunfisch mit einer Gabel zu einer Paste verarbeiten (oder in einen Mixer geben).
Die Thunfischbutter auf die Brotscheiben streichen, mit einer Kaper oder einer Olive dekorieren.

52 Geröstete Brotscheiben mit Radicchio *Crostini al radicchio rosso*

4 große Weißbrotscheiben, 100 g Gorgonzola, 1 kleine Zwiebel, 4 Köpfchen roter Radicchio, 50 g Butter, Olivenöl, Salz, Pfeffer

4 große Weißbrotscheiben rösten. Die Zwiebel in dünne Scheibchen schneiden und in etwas Olivenöl andünsten.
Den Radicchio in feine Streifen schneiden und zu den Zwiebeln geben. Salzen, pfeffern. Auf schwacher Flamme garen.
Sobald der Saft des Radicchio verdunstet ist, die gerösteten Brotscheiben mit dem Gemüse belegen.
Den Gorgonzola und die Butter mit einer Gabel zerdrücken und zu einer Paste verrühren. Auf den mit Radicchio belegten Brotscheiben verteilen.
Im heißen Backofen den Käsebelag zergehen lassen und servieren.

53 Brotsalat *Panzanella*

300 g toskanisches Brot vom Vortag, 4 frische, halbreife Tomaten, 1 Zwiebel, 1 Gartengurke, 5–6 Blättchen Kopfsalat, 1/2 Glas Olivenöl, Essig, Salz, Pfeffer, 1 Sträußchen Basilikum

Das Brot eine Stunde lang in kaltem Wasser aufweichen. Abtropfen lassen, gut ausdrücken und mit den Fingern in einer Schüssel zerbröckeln. Das Gemüse kleinschneiden, das Basilikum mit den Fingern zerpflücken und alles mit dem Brot vermischen.
In einer Tasse das Salz, ein wenig Essig, das Öl und den Pfeffer gut verrühren und über den Salat gießen. Gut durchrühren und einige Stunden ziehen lassen.
Ein typisches Sommergericht, das gekühlt serviert wird.

54 Gefüllte Eier *Uova ripiene*

4 Eier, Petersilie, 1 Knoblauchzehe, 8 Sardellenfilets, Pfeffer, Olivenöl

Die Eier hartkochen, schälen und halbieren. Das Eigelb herausnehmen und in einer Tasse mit der gehackten Petersilie, den Knoblauchstückchen, dem Pfeffer und Olivenöl gut vermischen (Vorsicht bei Salz).
Die Eierhälften mit der Masse füllen, mit einem zusammengerollten Sardellenfilet bedecken und mit einer Kaper dekorieren.
Diese gefüllten Eier gelten nicht nur als Vorspeise. Man kann sie im Sommer auch als zweiten Gang vorsetzen.
Dazu serviert man – wenn man möchte – Mayonnaise und toskanisches Weißbrot.

55 Toast mit Kapern »Miranda« *Crostini di capperi alla mia maniera*

50 g Kapern, 30 g Rosinen, 30 g Pinienkerne, 30 g Sardellenfilets, 150 g geschälte Tomaten, 1 Baguette, Oregano, Pfeffer, Olivenöl, 1 Knoblauchzehe

In einer kleinen Kasserolle mit ein wenig Olivenöl und dem zerkleinerten Knoblauch die Sardellenfilets schmelzen lassen. Die zerstückelten Tomaten hinzufügen und 15–20 Minuten köcheln lassen. Pfeffern und mit Oregano würzen. Die Kapern, die Rosinen und die Pinienkerne daruntermischen. Alles zusammen gut ziehen lassen.
Die Baguette in fingerdicke Scheiben schneiden und anrösten.
Vor dem Servieren mit der Sauce bestreichen.
Die Crostini werden kalt serviert – als Intermezzo zwischen einem Gericht und dem anderen.

56 Roher Schinken mit Feigen und Mandeln
Prosciutto, fichi e mandorle

Roher toskanischer Schinken, Feigen, Mandeln

Auf einer Fleischplatte die Schinkenscheiben schön anordnen.
Rundherum die halbierten, reifen Feigen legen. In jede Feige kommt eine geschälte Mandel.
Als Vorspeise oder als Zwischenmahlzeit ist dieses Gericht nicht nur ein Augenschmaus, es ist die reinste Gaumenfreude.

57 Reissalat mit Thunfisch
Insalata di riso con tonno

300 g Reis, grobkörnig, 200 g Thunfisch in Öl, 1 Löffel Kapern, 100 g schwarze und grüne Oliven, 4 Sardellenfilets, 1–2 halbreife Tomaten, 6 Blättchen Basilikum, Salz, Pfeffer, Olivenöl

Den Reis nicht übermäßig weich kochen, abgießen und mit kaltem Wasser abschrecken.
In einer Salatschüssel den gekochten Reis, den zerbröckelten Thunfisch, die Kapern, die entkernten Oliven, die zerstückelten Sardellenfilets und die kleingeschnittenen Tomaten miteinander vermischen. Mit Salz, Pfeffer und Olivenöl würzen. Zum Schluß mit dem Basilikum dekorieren.
Es ist ein köstliches Sommergericht.
Dazu reicht man einen gekühlten trockenen Weißwein.

Suppen

Bei uns sagen die Mütter zu ihren Kindern: »Iß ein bißchen Suppe, das wärmt den Magen.« Aber die toskanischen Suppen wärmen nicht nur den Magen. Sie befriedigen den Gaumen und den Appetit und können sogar den Hunger für den hervorragenden ersten Gang zerstören.
Die Kochkunst der Hausfrauen und deren Erfahrung haben die Suppen zu einem eigenständigen, köstlichen Gericht gemacht. Sie sind heute auch in den besten Restaurants zu den gefragtesten Speisen geworden. »Heute gibt's Ribollita« sagt man, und kein Mensch interessiert sich mehr dafür, was es nachher gibt.
Die Minestrone, die Pasta mit den weißen Bohnen und die dicke Tomatensuppe schmecken so gut, daß ein einziger Teller davon nicht reicht. Sicherlich, die Regeln der guten Erziehung sollten uns zurückhalten. Man müßte Raum und Appetit für Fleisch und Gemüse zurückbehalten.
Tatsache ist aber, daß jeder weise Ratschlag vor dem Beweis einer überwältigenden Qualität in den Wind geschlagen wird.

58 Dicke Tomatensuppe *Pappa al pomodoro*

Für 7–8 Personen

350 g geschälte Tomaten, 1 Zwiebel, 300 g altes Brot, 1 Sträußchen Basilikum, 3 Knoblauchzehen, Olivenöl, Salz, Pfeffer, 7 Gläser Wasser

Die feingeschnittene Zwiebel in einer Pfanne mit etwas Olivenöl andünsten. Die zerkleinerten Tomaten hinzufügen und mindestens 1/2 Stunde köcheln lassen.
Das Brot in Scheibchen schneiden. Das Basilikum und den Knoblauch kleinhakken. Alles zusammen in einen Kochtopf geben. Auf kleiner Flamme kochen, das Wasser dazugießen und fleißig rühren, bis ein Brei entstanden ist. Salzen, pfeffern.
Die Tomaten hineingeben und immer weiterrühren.
Die Suppe noch 20 Minuten kochen lassen, sie muß die Konsistenz einer dicken Creme haben.
Heiß servieren. Gutes neues Olivenöl dazu reichen.

59 Bohnensuppe *Minestra di fagioli*

300 g weiße Bohnen, 100 g Kurznudeln oder zerkleinerte Tagliatelle, 1 Knoblauchzehe, Olivenöl, Salz, 2 Blätter Salbei, 1/2 Peperoncino, Rosmarin

Die Bohnen über Nacht einweichen. Abgießen, mit frischem Wasser bedecken und mit den Salbeiblättern 4 Stunden lang auf kleiner Flamme kochen. Zum Schluß salzen. Einen Teil der Bohnen durchpassieren, in die Suppe zurückgießen. 2 Gläser Wasser beigeben.
Wenn die Suppe kocht, die Pasta hineinwerfen und bei mäßiger Hitze garkochen. In einer kleinen Kasserolle den halben Peperoncino, den Rosmarin und den kleingeschnittenen Knoblauch in Olivenöl andünsten, in die Bohnensuppe gießen, gut durchrühren und servieren.

60 Brotschnitten mit Kohl *Fette di pane con il cavolo*

In der Toskana benützt man dazu den »Cavolo nero«, einen »schwarzen« Kohl. Seinen Namen bezieht er von der dunkelgrünen Farbe seiner Blätter. Er wächst wie ein Bäumchen, sieht also nicht aus wie herkömmlicher Kohl, hat aber seinen typischen Geschmack. In Deutschland kann er jedenfalls durch den Wirsingkohl ersetzt werden.

500 g Kohl, dunkles Brot in Scheiben, 5 Knoblauchzehen, Olivenöl, Salz, Pfeffer

Den Kohl von allen harten Teilen befreien. Die weichen Blätter in kochendem Wasser garen.
Die Brotscheiben abrösten, von beiden Seiten mit Knoblauch einreiben und in die Teller legen.
Die gekochten Kohlblätter darüberlegen, mit Kochwasser besprengen, mit Olivenöl beträufeln, mit Pfeffer und Salz würzen und heiß servieren.

61 Traditionelle toskanische Brotsuppe *Ribollita*

Für 7–8 Personen

400 g toskanisches Brot vom Vortag, 300 g weiße Bohnen, 1/2 Kohl, 1/2 Mangoldstaude, 3–4 geschälte Tomaten, 1–2 Kartoffeln, 1 Karotte, 2 Stangen Bleichsellerie, 1/2 Zwiebel, 2 Knoblauchzehen, 1/2 Glas Öl, 1/2 Bd. Petersilie, 1 Blatt Salbei, Salz, Pfeffer oder 1/2 Peperoncino, 2 Liter Wasser

Die weißen Bohnen über Nacht einweichen, anschließend mit frischem Wasser bedecken und auf kleiner Flamme mit einem Salbeiblatt 3 Stunden kochen lassen.
In einem Topf mit dem Öl die zerkleinerte Zwiebel, Karotten, Bleichsellerie, Petersilie und Knoblauch andünsten. Die geschälten Tomaten und den kleingeschnittenen Kohl, Mangold und Kartoffeln hinzufügen. Mit dem Wasser aufgießen. Salzen, pfeffern oder mit dem halben Peperoncino würzen.
Nach ungefähr 1 Stunde eine Hälfte der weißen Bohnen hineingeben. Die andere Hälfte durchpassieren. Jetzt alles durchrühren und noch ein wenig kochen lassen.
Eine irdene Suppenschüssel mit dünnen Brotscheiben auslegen, und die Gemüsesuppe darübergießen. Mindestens 1 Stunde ziehen lassen.
Am besten jedoch schmeckt die Ribollita einen Tag später, aufgewärmt und mit frischem Olivenöl und Knoblauch gewürzt. Ihr Name sagt es: La Ribollita = die Wiederaufgekochte.

62 Gemüsesuppe *Minestrone*

2 große Karotten, 1 Zucchino, 1 Lauchstange (oder 1 Zwiebel), 2 Stangen Bleichsellerie (oder 1/2 Knolle Sellerie), 2–3 Kartoffeln, 3 Mangoldblätter, 100 g weiße Bohnen, 1/4 Wirsing, 1 Salbeiblatt, 5 Rosmarinblätter, Knoblauch, 1 1/2 Liter Wasser, Salz, Öl, 150 g Kurznudeln, 100 g Parmesan

Die weißen Bohnen über Nacht einweichen, abseihen und mit frischem Wasser bedecken. Mit einem Salbeiblatt und Salz auf kleiner Flamme 3–4 Stunden kochen.

Das kleingeschnittene Gemüse in ein wenig Öl dünsten, das Wasser darübergießen. Die gekochten weißen Bohnen hinzufügen. Alles zusammen 1–1 1/2 Stunden kochen lassen. Einen Teil des Gemüses und der weißen Bohnen durchpassieren, in die Suppe zurückgießen. Zum Schluß die Kurznudeln in die kochende Suppe geben und garen. Das Feuer ausmachen, und den Kochtopf noch etwas stehen lassen. So wird der Geschmack intensiver.
In ein wenig Öl die in Scheibchen geschnittene Knoblauchzehe mit dem Rosmarin und – nach Belieben – dem halben Peperoncino andünsten und unter die Suppe mischen.
Mit Parmesan servieren.

63 Polenta mit Olivenöl und geriebenem Käse
Polenta all'olio e formaggio

1 1/2 Liter Wasser, 300 g Maismehl, 200 g geriebener Pecorino oder Parmesan, Salz, Pfeffer, Olivenöl

Das Wasser in einem Topf zum Kochen bringen, salzen. Den Topf vom Feuer nehmen, das Maismehl ganz langsam und mit Vorsicht unter ständigem Rühren einlaufen lassen (damit sich keine Klumpen bilden). Auf das Feuer zurückstellen, mit dem Holzlöffel weiterrühren, 30 bis 35 Minuten kochen lassen. Die Polenta muß die Konsistenz eines Breis haben. Wenn notwendig, etwas heißes Wasser zufügen.
Die heiße Polenta mit einer Schöpfkelle direkt in die Teller geben, mit Olivenöl besprengen, mit Pfeffer würzen und eine Handvoll Käse darüberstreuen.
Sofort servieren.

64 Fritierte Polenta
Polenta fritta

1 Liter Wasser, 350 g Maismehl, Salz, Öl zum Fritieren

In das kochende, wenig gesalzene Wasser das Maismehl ganz langsam und vorsichtig einlaufen lassen. Am besten nimmt man den Kochtopf immer wieder von der Hitzequelle, damit keine Klumpen entstehen.

Tomatensalat mit Mozzarella
Pomodori con la Mozzarella

40 Minuten kochen lassen, immer wieder umrühren.
Wenn die Polenta gar ist, auf ein Holzbrett stürzen. Abwarten, bis sie erkaltet ist.
Mit einem starken Faden in Schnitten (3 x 5 cm) schneiden.
In einem Topf reichlich Öl zum Sieden bringen. Die Schnitten goldgelb backen.
Auf Küchenkrepp abtropfen lassen und auf einer Platte heiß servieren.

65 Pasta mit Kichererbsen *Pasta e ceci*

300 g trockene Kichererbsen, 100 g Kurznudeln oder zerkleinerte Tagliatelle, Öl, 2 Knoblauchzehen, Rosmarin (Menge nach Wunsch), 1/2 Peperoncino, Salz

Die Kichererbsen über Nacht einweichen. Abgießen, mit frischem Wasser bedekken und 4 Stunden auf kleiner Flamme kochen. Erst zum Schluß salzen.
Einen Teil davon durch ein Passiergerät streichen, zu den übrigen Kichererbsen zurückgießen. 2 Gläser Wasser dazugeben. Alles wieder zum Kochen bringen und die Kurznudeln dazugeben.
Jetzt den kleingehackten Knoblauch mit dem Rosmarin und dem zerkleinerten halben Peperoncino in Olivenöl andünsten und heiß in das fertige Gericht gießen.

66 Toskanische Suppen-Klößchen *Passatelli*

100 g Semmelbrösel, 100 g Parmesan, 2 Eier, Muskatnuß, Salz, 1 Liter Brühe

In einer Schüssel die Eier, die Brösel und den Parmesan sorgfältig durchrühren. Salzen und eine Prise Muskatnuß daruntermischen. Zu einem festen Teig kneten.
Die Brühe aufstellen. Wenn sie kocht, die Paste durch eine Kartoffelpresse mit großen Löchern drücken, bei einer Länge von 2 cm mit dem Messer abschneiden und in die Brühe gleiten lassen. Wenn die Paste aufgebraucht ist, noch einige Minuten kochen lassen.
Die Suppe mit Parmesan servieren.

67 Wassersuppe *L'Aqua cotta*

400 g Champignons, 2 Knoblauchzehen, 300 g geschälte Tomaten, 3 Eier, geriebener Parmesan, Olivenöl, Salz, Brotscheiben

Die Pilze von den Stengeln trennen, säubern und in mandelgroße Stückchen schneiden. In Olivenöl andünsten.
Den Knoblauch hinzufügen, *er wird später entfernt.* Salzen. Die Tomaten hineingeben. 1/4 Stunde köcheln lassen, Wasser dazugießen, eine weitere Stunde kochen.
In einer Suppenterrine die Eier mit dem Parmesan verquirlen, die Suppe darübergießen und mit gerösteten Brotscheiben servieren.

Die Pastasciutta – Der Reis

Pizza und Pastasciutta sind inzwischen fast zu Synonymen für Italien geworden. Kein Wunder, denn sie werden effektiv in ganz Italien gerne und viel gegessen – so auch in der Toskana. Der Grund dafür ist einfach zu verstehen: diese Gerichte sind einfach, wohlschmeckend und nahrhaft. Mehr kann man von ihnen nicht verlangen.
Wir möchten in diesem Buch an Ihre Phantasie appellieren. Begnügen Sie sich nicht damit, Tomatensaucen zu kochen. Versuchen Sie es doch einmal mit Spargelsauce oder mit Artischockensauce, würzen Sie die Spaghetti einmal mit einer Nußsauce, mit Oliven oder gedünsteten Auberginen.
Spaghetti und Penne vertragen sich mit den unterschiedlichsten Saucen, schmecken aber beispielsweise ausgezeichnet »nackt«, das heißt nur mit Olivenöl und geriebenem Käse.
Wichtig: Vermeiden Sie es, Mehl in die Saucen zu geben. Achten Sie darauf, daß die Menge der Sauce der Menge der Pasta voll entspricht. Eine Pasta, in der nicht genügend Sauce ist, ist der reinste Betrug. Gehen Sie ruhig ein wenig großzügig mit Sauce um. Denken Sie immer daran, daß die Pastasciutta von allen Gerichten das billigste ist und bleibt.

Vermischen Sie die Pasta mit der Sauce noch in der Küche. Sollte etwas Sauce übrigbleiben, gießen Sie sie in ein Schüsselchen und stellen es auf den Tisch.
Der geriebene Parmesan wird bei Tisch gereicht. Manche mögen ihn, manche nicht.

68 Dünne Spaghetti mit Pilzen *Vermicelli ai funghi*

– Diese Sauce paßt zu jeder Pasta –

400 g Vermicelli, 300 g Pilze, 200 g passierte Tomaten, 50 g Butter, 1 Knoblauchzehe, 1/2 Bund Petersilie, Salz, Pfeffer

Die blättrig geschnittenen Pilze in einer Pfanne mit einem Teil der Butter andünsten, nach 10 Minuten den kleingehackten Knoblauch und die ebenfalls gehackte Petersilie hinzufügen.
Die Tomaten hineingeben, noch 15 Minuten auf kleiner Flamme garen.
Die Spaghetti in reichlich sprudelndem Salzwasser kochen, abseihen, mit der Sauce und der restlichen Butter vermischen und servieren.

69 Maccheroncini in Auberginensauce *Maccheroncini al sugo di melanzana*

Maccheroncini sind Nudeln, die so lang wie Spaghetti sind, nur viel dicker und innen hohl. Findet man sie nicht im Handel, kann man sich mit Spaghetti behelfen. Dieses Rezept stammt aus Sizilien. Ich habe es in der Toskana kennengelernt. Oft werde ich gefragt, was man denn alles mit den Auberginen machen kann. Hier ist ein fast-toskanisches Rezept.

1 Aubergine, 400 g Maccheroncini, 1/2 Bund Petersilie, 250 g passierte Tomaten, 2 Knoblauchzehen, Olivenöl, Salz, Pfeffer (oder 1/2 Peperoncino)

Die Aubergine schälen, in feine Scheiben schneiden und in einer schweren Pfanne ohne Fett von beiden Seiten rösten. Die gebratenen Scheiben in feine Streifen schneiden. Die Petersilie und den Knoblauch feinhacken, in einer Kasserolle mit etwas Olivenöl andünsten, die Tomaten hinzufügen und circa ½ Stunde köcheln lassen. Wenn nötig, etwas Wasser dazugießen.

Nach der halben Garzeit die Auberginenstreifen hineingeben, salzen, pfeffern. (Man kann auch anstelle des Pfeffers einen halben Peperoncino verwenden.)

Die Macchroncini in reichlich sprudelndem Salzwasser kochen, abseihen und mit der Sauce vermengen.

Mit geriebenem Parmesan oder Pecorino servieren.

70 Spaghetti mit Basilikum und Knoblauch *Spaghetti con basilico e aglio*

400 g Spaghetti, 20 Pinienkerne, 100 g Pecorino (oder Parmesan), 2 Sträußchen Basilikum, 4 Knoblauchzehen, 1 Glas Olivenöl, Salz

Das Basilikum mit dem Knoblauch[1] und den Pinienkernen kleinhacken. In einer Tasse mit dem Öl, dem Salz und dem geriebenen Käse verrühren:

Die Spaghetti kochen, abseihen und mit der Sauce vermischen.

[1] Man kann den geschälten Knoblauch in kochendes Wasser (1 Minute) legen, bevor man ihn kleinhackt. Er verliert dadurch seinen starken Geschmack, den manche nicht so gerne mögen.

71 Penne in Schinkensauce *Penne strascicate*

400 g Penne, 100 g geriebener Parmesan, 100 g Schinken, 30 g Butter, 250 g geschälte Tomaten, 4–5 Blättchen Basilikum, Olivenöl, ½ Zwiebel, ½ Stange Bleichsellerie, ½ Bund Petersilie, 1 Karotte, ½ Peperoncino, Salz

Zwiebeln, Sellerie, Karotte und Petersilie kleinhacken, in einer breiten, niedrigen Kasserolle mit dem gewürfelten Schinken in etwas Olivenöl andünsten. Die zer-

kleinerten Tomaten und den Peperoncino hineingeben, salzen. Mindestens 1 Stunde köcheln lassen. Wenn nötig, etwas Wasser zugeben.
Die Penne in reichlich sprudelndem Salzwasser kochen, abseihen und in die Kasserolle mit der Sauce geben. Den geriebenen Käse und die Butter hinzufügen und gut vermischen. 6–7 Minuten ziehen lassen.
Mit einigen Basilikumblättchen dekorieren und in der heißen Kasserolle servieren.

72 Überbackene Penne *Penne gratinate*

500 g Penne, 300 g passierte Tomaten, 50 g Parmesan, 1 Mozzarella, 4 Blättchen Basilikum, 1/2 Bund Petersilie, 2 Knoblauchzehen, Olivenöl, 1/2 Peperoncino

Den Knoblauch mit der Petersilie und dem Peperoncino kleinhacken und in einer Kasserolle mit Öl andünsten. Die passierten Tomaten hinzufügen, salzen und 20 Minuten schmoren. Wenn notwendig, Wasser dazugeben.
5 Liter Wasser zum Kochen bringen, salzen, die Penne hineingeben, al dente kochen, abseihen und mit der Tomatensauce vermischen.
Eine Bratreine abwechselnd mit einer Schicht Penne, Mozzarellascheiben und geriebenem Käse anfüllen. Zum Schluß mit Olivenöl beträufeln und im Backrohr bei 180 Grad 10 Minuten gratinieren.
Mit den Basilikumblättchen garnieren.

73 Penne auf toskanische Art *Penne alla toscana*

400 g Penne, 500 g Blattspinat, 1/2 Zwiebel, 200 g toskanische Würstchen oder 100 g roher Schinken in dicken Scheiben, 250 g passierte Tomaten, etwas Mehl, 100 g Parmesan, 50 g Butter, Olivenöl, Salz, Pfeffer

Die Zwiebel kleinhacken, die Würstchen zerbröckeln (oder den Schinken würfeln) und in einer Pfanne mit etwas Olivenöl andünsten. Die Tomaten hinzufügen und alles zusammen auf kleiner Flamme zugedeckt dünsten. Eindicken lassen. Salzen, pfeffern.

Den Spinat ohne Wasser, nur mit ein wenig Salz bei schwachem Feuer kochen. Abseihen, mit den Händen sorgfältig ausdrücken, kleinhacken. In einer Pfanne mit der Hälfte der Butter und einigen Eßlöffeln Milch andünsten. Gut vermischen, 50 g Parmesan darüberstreuen, vom Feuer nehmen.
Die Penne in reichlich sprudelndem Salzwasser al dente kochen, abseihen, in die Pfanne mit dem Spinat geben, durchrühren, etwas ziehen lassen. Die Tomatensauce, die Butter und den Rest des Parmesan daruntermischen. Nochmals 5 Minuten durchziehen lassen und servieren.

74 Penne in Artischockensauce

Penne al sugo di carciofi

400 g Penne, 2 mittelgroße Artischocken, 4 EL Crème fraîche, 50 g geriebener Parmesan, 1/2 Bund Petersilie, 4 Knoblauchzehen, 1/2 Peperoncino, Salz, Olivenöl

Die Artischocken von den harten Blättern und den Spitzen befreien, waschen und in einer Kasserolle mit 2 Gläsern Wasser und einer ganzen Knoblauchzehe kochen. Salzen. Wenn sie gar sind, herausnehmen, den Sud beiseite stellen. Die zarten Teile der Artischocken (das Innere und den unteren Teil der Blätter) herausschneiden, feinhacken. Den Knoblauch und die Petersilie kleinhacken, in einer Kasserolle mit dem Peperoncino und dem Olivenöl andünsten. Die Artischocken hinzufügen und circa eine halbe Stunde zugedeckt dünsten lassen. Ab und zu etwas von dem Kochwasser zugeben, salzen. Zum Schluß die Crème fraîche hineingeben und gut durchrühren.
Die Penne in reichlich sprudelndem Salzwasser kochen, abseihen, mit der Sauce vermischen und mit dem Parmesankäse servieren.

75 Kartoffel-Gnocchi mit Tomatensauce

Gnocchi di patate al pomodoro

1 kg mehlige Kartoffeln, 350 g Mehl, 1/2 kg passierte Tomaten, 100 g Parmesan, 1/2 Bund Petersilie, 2 Knoblauchzehen, Olivenöl, Salz, Pfeffer oder Peperoncino

Die Kartoffeln mit der Schale kochen. Schälen, durch die Kartoffelpresse drücken und kreisförmig auf einem Holzbrett aufhäufen. Abwarten, bis die Masse ein wenig abgekühlt ist. Das Mehl und eine Prise Salz dazugeben, gut durchkneten.
Den Teig mit einem Messer in mehrere handliche Stücke schneiden. Jedes Stück wird auf dem Brett mit den Händen zu einem langen dünnen Stab ausgerollt. Diesen Stab nun in 2 cm lange Stückchen zerschneiden. Alle Stückchen mit Mehl bestäuben. Eine Gabel nehmen, den Gnocchi mit einem Finger leicht gegen die Zinken drücken und auf das Brett herunterrutschen lassen.
Sauce: Den Knoblauch und die Petersilie kleinhacken und in ein wenig Olivenöl dünsten. Die passierten Tomaten und den Peperoncino beifügen. Weiterdünsten, und wenn nötig, ein wenig Wasser beifügen. Ca. 20 Minuten garen.
Reichlich Wasser aufstellen, salzen, und wenn es kocht, die Gnocchi hineingeben. Am besten in zwei Portionen garen, damit sie nicht kleben bleiben. Sie sind in ca. 5 Minuten fertig. Sobald sie an der Oberfläche erscheinen, mit einem Schaumlöffel herausnehmen. Abtropfen lassen und in eine vorgewärmte Schüssel geben.
Mit der Tomatensauce und dem Parmesan würzen.
Wichtig: Niemals alle Gnocchi aus dem Wassertopf auf einmal in ein Sieb leeren. Dann kleben sie hoffnungslos zusammen oder werden zu Mus.

76 Nackte Ravioli — *Ravioli nudi*

Für 7 Personen

1 kg Blattspinat, 500 g Ricotta (oder trockenen Quark), 3 Eier, 250 g Parmesan, etwas Mehl, 100 g Butter, 1 Löffelchen Pfeffer, Muskatnuß

Den Spinat waschen, abtropfen lassen und in einem geschlossenen Kochtopf ohne Wasser gardämpfen. Abseihen und fest ausdrücken, feinhacken.
In einer Schüssel mit der Ricotta, 100 g geriebenem Parmesan, den verschlagenen Eiern und etwas geriebener Muskatnuß vermischen. Salzen, pfeffern.
Die Paste mittels eines Eßlöffels zu kleinen ovalen Bällchen formen, mit Mehl bestäuben.

Reichlich Salzwasser zum Sieden bringen.
Die Ravioli in kleinen Portionen, die am geschicktesten mit einem Teelöffel und den Fingern geformt werden, in dem kochenden Wasser garkochen. Sobald sie an der Oberfläche erscheinen, mit einem Schaumlöffel herausnehmen und in einer Terrine anordnen: Jede Schicht mit zerlassener Butter und dem Rest Parmesankäse bedecken.
Heiß servieren.

77 Spaghetti mit Knoblauch, Öl und Peperoncino *Spaghetti aglio, olio e peperoncino*

400 g dünne Spaghetti, 50 g Pecorino-Käse, 5 Knoblauchzehen, 1/2 Peperoncino, Salz, 1/2 Glas Olivenöl

Während die Spaghetti in gesalzenem Wasser kochen, in einem Töpfchen das Öl, den Peperoncino und den zerkleinerten Knoblauch langsam dünsten. (Der Knoblauch darf nicht braun werden.)
Die gekochten Spaghetti abseihen, in eine vorgewärmte Schüssel geben, die heiße Knoblauchsauce darübergießen, gut vermischen.
Mit geriebenem Pecorino servieren.

78 Spaghetti in Nußsauce *Spaghetti al sugo di noci*

400 g Spaghetti, 300 g Walnüsse, 2 Knoblauchzehen, 1/2 Peperoncino, 100 g geriebener Parmesan, Olivenöl, Salz

Die Walnüsse schälen, kurz im Backofen abrösten, die Häutchen abziehen. Ganz fein hacken. In einer Pfanne in wenig Olivenöl 5 Minuten andünsten.
In einer Terrine mit dem geriebenen Käse und dem kleingehackten Knoblauch vermischen.

2 Eßlöffel Wasser hinzufügen, gut durchrühren, ein wenig gutes Olivenöl dazugeben. Sorgfältig weiterrühren.
Die Spaghetti in reichlich Salzwasser kochen, abseihen, mit der Sauce vermischen und mit dem restlichen Parmesan servieren.

79 Spaghetti mit Paprikaschoten
Spaghetti al peperone

400 g Spaghetti, 1 Paprikaschote, 1 Knoblauchzehe, 2 Sardellenfilets, Majoran, 1/2 Zwiebel, 300 g passierte Tomaten, 1/2 Glas Weißwein, Olivenöl, Salz, Pfeffer

Die Zwiebel und den Knoblauch kleinhacken, in einer Pfanne mit ein wenig Öl andünsten. Den in feine Streifen geschnittenen Paprika hinzufügen, dünsten.
Die Sardellenfilets hineingeben, zergehen lassen. Die Tomaten beigeben. Vorsichtig salzen und pfeffern. Die Sauce circa 1/2 Stunde köcheln lassen, wenn nötig mit Weißwein löschen. Ganz zum Schluß mit einer Prise Majoran würzen.
Die Spaghetti in reichlich Salzwasser kochen, abseihen. Die Sauce daruntermischen. Servieren.
Zu diesem Gericht wird kein Parmesan gereicht.

80 Spaghetti mit Pilzen und Thunfisch
Spaghetti ai funghi e tonno

400 g Spaghetti, 200 g Pilze je nach Angebot, 50 g Speck, 50 g Thunfisch aus der Dose, Olivenöl, 500 g geriebener Parmesan, 1 Knoblauchzehe, Salz, Pfeffer

Die Knoblauchzehe in einer Pfanne mit ein wenig Olivenöl andünsten, die in Scheibchen geschnittenen Pilze und den kleingewürfelten Speck hinzufügen. Salzen, pfeffern. Eine Viertelstunde dünsten. Wenn nötig, Wasser dazugießen.
Die Spaghetti in reichlich Salzwasser kochen.
Den Thunfisch zerpflücken, in die Sauce geben.

Die Spaghetti abseihen, die Sauce daruntermischen, mit geriebenem Parmesan servieren.

81 Spaghetti mit Trüffeln *Spaghetti al tartufo*

Die Trüffeln auf diesem Kontinent befinden sich in den Händen von einigen wenigen leidenschaftlichen Suchern. Das ist auch gut so, denn auf diese Art verbleibt die Trüffel in einem geheimnisvollen Dunkel. Dieser Erdpilz ist einzigartig. Man findet ihn in regelmäßigen Abständen auf dem Markt von St. Lorenzo in Florenz. Die weißen Trüffeln sind billiger als die schwarzen und deshalb populärer. In Deutschland ist es umgekehrt. Wer keine frischen Trüffeln findet: es gibt sie in Dosen und Gläsern.

400 g Spaghetti, 200 g passierte Tomaten, 1 Trüffel, 4 Sardellenfilets, 1/2 Bund Petersilie, 1 Knoblauchzehe, Olivenöl, Salz, Pfeffer

Den Knoblauch ein feine Scheibchen schneiden, in wenig Öl andünsten. Die Sardellenfilets hinzufügen, zergehen lassen. Die Tomaten dazugeben. Salzen, pfeffern. Die Sauce bei kleiner Flamme köcheln lassen.
Die Spaghetti in reichlich Salzwasser kochen, abseihen. Die Sauce daruntermischen. Die Trüffel darüberreiben. Mit gehackter Petersilie bestreuen.
Heiß servieren.

82 Trenette mit Meeresfrüchten *Trenette ai frutti di mare*

400 g Trenette, 4 Tintenfische, 4 Jakobsmuscheln, 4 Scampi, 8 Garnelen, 200 g frische Sahne, 1/2 Bund Petersilie, 2 Knoblauchzehen, 1 Peperoncino, Olivenöl, Salz

Den kleingehackten Knoblauch mit dem Peperoncino in einer großen Kasserole mit Olivenöl andünsten.

Die in Streifen geschnittenen Tintenfische hinzufügen und ca. 15 Minuten mit etwas Wasser köcheln lassen.
Die Jakobsmuscheln in kochendem Wasser öffnen lassen. Die Scampi und die gesäuberten Garnelen in einer erhitzten Pfanne mit etwas Öl und ein wenig Salz knusprig braten. Mit ein paar Tropfen gutem Cognac beträufeln.
Die ausgelösten Jakobsmuscheln, die Scampi und die Garnelen den Tintenfischen beimengen.
Zum Schluß alles mit der Sahne binden und mit der kleingehackten Petersilie bestreuen.
In der Zwischenzeit die Trenette in reichlich Salzwasser al dente kochen, abseihen und mit der Sauce vermischen.
Sofort heiß servieren.

83 Makkaroni mit Oliven *Maccheroni con le olive*

400 g Makkaroni, 250 g passierte Tomaten, 100 g schwarze Oliven, 1/2 Bund Petersilie, 3 Knoblauchzehen, 1/2 Peperoncino, 1 Sardellenfilet, Salz, Olivenöl

Den zerkleinerten Knoblauch, den Peperoncino und das gehackte Sardellenfilet in etwas Olivenöl dünsten. Die passierten Tomaten hinzufügen, mindestens 15 Minuten köcheln lassen.
Die Makkaroni in reichlich Salzwasser kochen. Kurz bevor sie gar sind, die entkernten Oliven in die Tomatensauce geben.
Die Makkaroni abseihen, in einer Schüssel mit der Sauce vermischen, mit der gehackten Petersilie bestreuen.
Heiß servieren.

84 Spaghetti mit Anchovissauce *Acciugata*

4–5 Anchovisfilets gesalzen ohne Öl, 1/2 Peperoncino, 1/2 Glas Olivenöl, 400 g Spaghetti, 1 Knoblauchzehe, Salz

In einer kleinen Kasserolle die Anchovisfilets mit einem Eßlöffel Öl auf kleinster Flamme zergehen lassen. Den zerkleinerten Knoblauch und den Peperoncino hinzufügen. Kein Salz in die Sauce!
Die Spaghetti kochen. Vorsicht mit dem Salz! 2 Minuten bevor sie gar sind, das restliche Olivenöl in die Sauce geben.
In einer vorgewärmten Schüssel die Spaghetti mit der Sauce vermischen. Sofort servieren.

85 Spaghetti mit Thunfisch *Spaghetti al tonno*

1 Sardellenfilet, 1 Dose Thunfisch (100 g), 150 g passierte Tomaten, 1/2 Bund Petersilie, 400 g extradünne Spaghetti, 1/2 Peperoncino, Salz, 2 Knoblauchzehen, 3 Basilikumblätter, Olivenöl

Das Sardellenfilet in ein wenig Öl aufsetzen und langsam darin zerschmelzen lassen. Den Peperoncino und den zerkleinerten Knoblauch hinzufügen. Farbe annehmen lassen. Die Tomaten dazugeben und zusammen 15 Minuten kochen.
Zum Schluß den Thunfisch und die gehackte Petersilie beigeben. 3–5 Minuten zusammen erwärmen.
Die Spaghetti in 4 Liter kochendem Wasser al dente kochen, abseihen.
In einer Schüssel mit der Sauce gut vermischen.

86 Spaghetti mit Vongole *Spaghetti con le arselle o vongole*

1 kg kleine Vongole, 400 g extradünne Spaghetti, 350 g geschälte oder 500 g frische Tomaten, 1/2 Bund Petersilie, 3 Knoblauchzehen, 1/2 Peperoncino, Salz, Olivenöl

Die Muscheln sorgfältig waschen. Um den Sand zu entfernen, empfiehlt es sich, sie für einige Stunden in gesalzenes Wasser (oder Meerwasser) zu legen.
Die Muscheln vorsichtig aus diesem Wasser heben, damit der Sand auf dem Grund

bleibt, und in einen Topf mit einem Glas Wasser geben, auf das Feuer stellen. Sobald sie geöffnet sind, herausnehmen, und das Muschelfleisch loslösen. Das Kochwasser durch ein Stück feinen Stoff filtern und beiseitestellen.
Nun das gesalzene Wasser für die Spaghetti aufstellen (4 Liter).
In einem kleinen Topf die Knoblauchzehen mit Olivenöl andünsten. Die zerkleinerten Tomaten und die gehackte Petersilie dazugeben. Etwas kochen lassen.
Das Muschelfleisch und das gefilterte Muschelwasser hinzufügen. Die Flüssigkeit verdampfen lassen.
Die Spaghetti al dente kochen, abseihen, die Sauce daruntermischen, ein wenig frisches Olivenöl darüberträufeln. Parmesan wird dazu nicht gereicht.
Das gleiche Rezept ist mit den Arselle realisierbar, die man »au naturel« im Glas zu kaufen bekommt.

87 Spaghetti mit Muscheln *Spaghetti con le cozze*

400 g Spaghetti, 700 g Muscheln, 200 g passierte Tomaten, 2 Knoblauchzehen, 1/2 Bund Petersilie, 1/2 Peperoncino, Olivenöl

Die Muscheln gut säubern und waschen. In einen Topf mit einem Glas kochenden Wasser geben, öffnen lassen. Ungeöffnete Muscheln wegwerfen. Aus den Muscheln das Fleisch herausnehmen und beiseitelegen. 5–6 ganze Muscheln für die Verzierung zurückbehalten.
In einer Kasserolle den in Scheibchen geschnittenen Knoblauch in etwas Olivenöl andünsten. Die passierten Tomaten mit der gehackten Petersilie und dem Peperoncino hinzufügen. Mit Vorsicht salzen. Mindestens 15 Minuten köcheln lassen. Zum Schluß das Muschelfleisch beifügen.
Die Spaghetti in reichlich sprudelndem Salzwasser »al dente« kochen, abseihen.
In einer Suppenterrine anrichten, die Sauce daruntermischen. Mit den übrigen ganzen Muscheln belegen und mit Petersilie dekorieren.
Vor dem Servieren mit etwas frischem Olivenöl besprengen.

88 Spaghetti mit grünem Spargel *Spaghetti agli asparagi verdi*

400 g Spaghetti, 1 Bund grüner Spargel, 300 g geschälte Tomaten oder 500 g frische, sehr reife Tomaten, 1/2 Bund Petersilie, 2 Knoblauchzehen, 5 Basilikumblätter, 50 g Parmesan, Öl, Salz, 1/2 Peperoncino

Den Spargel schälen, die zarten Köpfe abschneiden und beiseitelegen. Die Stangen in Stückchen schneiden (2 cm) und mit ein wenig Wasser und dem Knoblauch 10 Minuten dünsten. Ist die Flüssigkeit verdampft, die zerkleinerten Tomaten und die gehackte Petersilie hinzufügen. 20 Minuten kochen lassen, die Spargelköpfe dazugeben. Salzen, den Peperoncino daruntermischen. Zum Schluß etwas rohes Olivenöl dazugießen.
Die Spaghetti in 4 Liter sprudelndem, gesalzenem Wasser al dente kochen, abseihen.
In einer Schüssel die Sauce unter die Spaghetti mischen, heiß servieren.

89 Spaghetti mit Käse *Spaghetti in bianco*

400 g Spaghetti, 150 g Pecorino (oder Parmesan), Butter, Salz, Pfeffer

Die Spaghetti in 4 Liter Wasser bißfest kochen, abseihen, in eine vorgewärmte Schüssel geben, die Butter, den geriebenen Käse und den Pfeffer daruntermischen und gut miteinander vermengen.

90 Kalte Spaghetti im Sommer *Spaghetti freddi d'estate*

Spaghetti schmecken immer gut: auch kalt! An einem heißen Sommertag, wenn man keine Lust hat auf ein dampfendes Gericht, sind sie eine wahre Köstlichkeit!

400 g Spaghetti, 500 g reife Eiertomaten, viel Basilikum, Petersilie, 1 Knoblauchzehe, Salz, Pfeffer, Olivenöl, 50 g geriebener Parmesan oder Pecorino

Die Tomaten häuten, halbieren und die Samen herausnehmen. Die Früchte kleinschneiden; darauf achten, daß sie nicht allzu wässrig sind. Im Mixer pürieren. Den Saft in eine Schüssel füllen. Mit Salz, Pfeffer und Olivenöl würzen, die gehackte Petersilie, den Knoblauch und die Basilikumblättchen unterrühren.
Die Spaghetti in reichlich Wasser al dente kochen. Abseihen.
Zuerst den Käse, dann die Sauce daruntermischen.
Die Spaghetti mit gut gekühltem, trockenem Wein servieren.
PS: *Mixer:* Sollte das Tomatenpüree allzu flüssig sein, die Masse in einem weißen Tuch abtropfen lassen. Das überschüssige Wasser wird auf diese Weise ablaufen.

91 Frühlings-Risotto *Risotto primavera*

400 g Reis, 1 kleine Artischocke, 250 g Spargel, 1 Tütchen Safran, 1 Liter Fleischbrühe, 1/2 Zwiebel, 1 Knoblauchzehe, 50 g Parmesan, 3 Blättchen Basilikum, Salz, Pfeffer oder Peperoncino, Butter oder Öl

Von der Artischocke die harten Blätter und die Spitzen entfernen. Den Stengel abschneiden, von den äußeren Fasern befreien und kleinschneiden.
Den Spargel schälen, die zarten Köpfe abtrennen, und die härteren Stangen in 1 cm lange Stücke schneiden.
Die kleingehackte Zwiebel mit dem Knoblauch in ein wenig Öl oder Butter dünsten, die Artischocke und die harten Spargelstücke beifügen. Dünsten.
Den Reis beigeben, der nun den ganzen Geschmack des Gemüses in sich aufnehmen muß. Ständig rühren, damit er nicht anbrennt. Salzen, pfeffern. Nach 2 oder 3 Minuten 1 Tasse Brühe zugießen. Weiterrühren. Immer wieder ein wenig Brühe zugießen. Nach der halben Garzeit die Spargelspitzen hinzufügen.
Sobald der Reis gar ist (Garzeit: 20 Minuten), wird er mit dem Safran eingefärbt.
Serviert wird das heiße Risotto mit dem Parmesan, einem Hauch neuem Öl aus der Presse und den Basilikumblättchen.

92 Risotto nach Florentiner Art
Risotto alla fiorentina

300 g Reis, 200 g Hackfleisch, 1 Zwiebel, passierte Tomaten, 1 Brühwürfel, 60 g Parmesankäse oder Schmelzkäse, Olivenöl, Salz, Pfeffer

Die kleingehackte Zwiebel in Olivenöl andünsten. Das Hackfleisch hinzufügen, gut durchdünsten.
Den Reis dazugeben, sorgfältig umrühren, damit er den Fleischgeschmack in sich aufnimmt. Sobald er fast trocken ist, die Würfelbrühe und die Tomaten langsam nach und nach beifügen.
Wenn der Reis gar ist, salzen, pfeffern und den Parmesan darunterrühren. Bevorzugt man Schmelzkäseecken, diese mit ein wenig Milch zerdrücken und dann erst hinzufügen.
Sofort vom Feuer nehmen und heiß servieren.

93 Reiskroketten
Crocchette di riso

150 g Reis, 1/4 l Milch, 1/2 l Wasser, 20 g Butter, 100 g Semmelbrösel, 50 g Parmesan, 2 Eier, 1 Glas Öl zum Backen, Salz, Pfeffer

Den Reis in dem mit Milch vermischten Wasser so lange kochen, bis eine feste Masse entsteht. Salzen.
In diese Masse 1 Ei, den Parmesan und die Butter einrühren. Gut durcharbeiten und abkühlen lassen. Klößchen formen und in den Semmelbröseln wälzen.
Das übrige Ei verquirlen, die Kroketten darin wenden und sie nochmals durch die Semmelbrösel ziehen.
In einer Pfanne das Öl sehr heiß werden lassen, und die Kroketten darin ausbacken. Abtropfen lassen, heiß zu Mixed Grill servieren.

Trenette mit Meeresfrüchten
Trenette ai Frutti di Mare

TORRE DI

Tortelli mit Spinat
Tortelli con i Spinaci

94 Risotto mit Meeresfrüchten

Risotto ai frutti di mare

400 g Reis, 300 g Tintenfisch, 200 g Scampi, 500 g Muscheln, 1/2 Glas Weißwein, 3 EL Olivenöl, 1/2 Zwiebel, 2 Knoblauchzehen, 1/2 Bund Petersilie, 1/2 Peperoncino

Die gut gewaschenen Muscheln mit einem Glas Wasser aufsetzen und öffnen lassen. Das Muschelfleisch herauslösen, beiseitestellen, 6 ganze Muscheln für die Dekoration zurückbehalten. Den Muschelsud durch ein Tuch filtrieren und aufheben.
Die Tintenfische waschen und in 2 cm dicke Streifen schneiden.
Die Scampi schälen und waschen.
In einer breiten Kasserolle feingehackten Knoblauch, Zwiebel und Peperoncino in Öl anbraten, den Tintenfisch dazugeben, zugedeckt 10 Minuten dünsten. Ab und zu mit dem Wein löschen. Die Scampi hinzufügen und weiterdünsten. Den Reis daruntermischen und so lange umrühren, bis er Farbe angenommen hat. Ca. 20–25 Minuten garen, nach und nach das Muschelwasser zugießen, dabei immer fleißig umrühren. Wenn nötig, heißes Wasser beifügen. Salzen.
Im letzten Augenblick das Muschelfleisch unterheben. Alles zusammen etwas ziehen lassen.
In eine Schüssel geben, mit den ganzen Muscheln dekorieren und Petersilie darüberstreuen.
Mit etwas rohem Olivenöl besprengen und heiß servieren.

95 Risotto mit Pilzen *Risotto con i funghi*

400 g Reis, 200 g Pilze, 1/2 Karotte, 1/2 Zwiebel, 1 Stück Bleichsellerie, 75 g Butter, 1/2 Liter Fleischbrühe, Pfeffer, Salz, 1 Tüte Safran, 50 g Parmesan

Die Karotte, die Zwiebel und den Sellerie kleinhacken und in einem Teil der Butter schmoren. Den Reis unter Rühren hinzufügen. Mit der Brühe löschen, halb garkochen.
In einem Pfännchen die restliche Butter zum Schmelzen bringen, die blättrig ge-

schnittenen Pilze darin dünsten, dem Reis beigeben. Weitergaren. Ab und zu ein wenig Brühe zugießen, weiterrühren. Salzen, pfeffern.
Ganz zum Schluß den Safran darüberstreuen und gut durchmischen.
Mit geriebenem Parmesan servieren.

96 Tortelli mit Kürbis *Tortelli con la zucca*

400 g Mehl, 4 Eier, Salz, Salbeiblätter
Füllung: 2 kg gelben Kürbis, 150 g geriebener Parmesan, Muskatnuß, Salz, Pfeffer
Würze: 100 g Butter, 150 g geriebener Parmesan, 5–6 Salbeiblätter

Füllung: Den Kürbis im Backofen garen. Das Innere herauslösen und in einer Terrine mit dem geriebenen Käse vermischen. Mit Salz, Pfeffer und Muskatnuß würzen und gut durchrühren.
Der Teig: Auf einem Holzbrett das Mehl aufhäufen, in die Mitte eine Mulde drükken. Die Eier hineingeben und zu einem Teig verarbeiten. Um ihn weicher zu machen, 2 EL Olivenöl hinzufügen. Einige Minuten ruhen lassen. 2 mm dick ausrollen, dabei mehrmals mit Mehl bestäuben, damit der Teig nicht klebt.
Den Teig in 7 cm große Quadrate schneiden, mit der Kürbisfüllung belegen und an den äußeren Enden mit den Fingern zudrücken.
Reichlich Wasser aufstellen, salzen. Wenn es kocht, die gefüllten Tortelli in mehreren Portionen hineingleiten lassen. Sobald sie an die Oberfläche hochsteigen, mit einem Schöpflöffel herausnehmen und gut abtropfen lassen.
In einer kleinen Kasserolle die Butter schmelzen lassen, und die Salbeiblätter hineingeben.
Die Tortelli auf einer Platte anrichten, mit der Salbeibutter begießen und dem Parmesan bestreuen.
Heiß servieren.

97 Tortelli mit Spinat *Tortelli agli spinaci*

Teig: 400 g Mehl, 4 Eier, Salz
Füllung: 500 g Blattspinat, 250 g Ricotta, 50 g geriebener Parmesan, 1 Ei, Salz, Pfeffer, Muskatnuß
Würze: 100 g Butter, 100 g geriebener Parmesan, Salbeiblätter

Der Teig wird wie für die Kürbis-Tortelli zubereitet (Nr. 48).
Füllung: Den Spinat kochen, gut ausdrücken und kleinhacken. Den zerdrückten Ricotta, den geriebenen Parmesan, das Ei, Salz und Pfeffer hinzufügen und gut vermischen.
Den Teig in 6 cm große Quadrate schneiden, mit der Spinatpaste füllen, und die Rechtecke sorgfältig rundherum zudrücken. Ruhen lassen.
Reichlich Salzwasser zum Sieden bringen, die Tortelli in mehreren Portionen garkochen, mit einer Schöpfkelle herausnehmen.
Die Butter mit dem Salbei in einer Kasserolle schmelzen lassen und über die fertigen Tortelli gießen. Mit Parmesan bestreuen und heiß servieren.

98 Gefüllte Nudeltäschchen (überbacken) *Chioccioloni ripieni (pasta al forno)*

Die Chioccioloni sind dickbäuchige Teigschnecken. Werden sie mit Fleischsauce gefüllt und überbacken, entwickeln sie sich zu einer ganz besonderen Delikatesse …

400 g Chioccioloni, 100 g Parmesan, Butter
Fleischsauce: 400 g Hackfleisch, 1 Zwiebel, 1 Karotte, Petersilie, 2 Knoblauchzehen, 1 Stange Bleichsellerie, 500 geschälte Tomaten, Salz, Peffer oder Pfefferschote, Olivenöl, 1 Lorbeerblatt, Rotwein
Béchamelsauce: 1/2 l Milch, 2 EL Mehl, 50 g Butter, Muskatnuß, Salz

Die Fleischsauce vorbereiten, eventuell schon am Tag vorher.
In dem Olivenöl die kleingehackte Zwiebel, Karotte, Knoblauch, Sellerie, Petersilie gut andünsten. Das Hackfleisch hinzufügen. Ist es zu trocken, ein wenig Rotwein beigeben. Salzen, pfeffern (oder mit 1 Peperoncino würzen). Sobald das Fleisch Farbe angenommen hat, die Tomaten und das Lorbeerblatt hinzufügen. Ungefähr 2 Stunden zugedeckt köcheln lassen. Wenn nötig, Wasser unterrühren.
Die Béchamelsauce: In einem Töpfchen die Butter schmelzen lassen, das Mehl einrühren, die Milch nach und nach hinzufügen und zum Kochen bringen. Immerzu weiterrühren. Salzen, pfeffern, ein wenig Muskatnuß einstreuen. Sobald die Sauce eingedickt ist, vom Feuer nehmen und wegstellen.
Die Chioccioloni in reichlich Salzwasser al dente kochen. Abseihen, ein wenig erkalten lassen.
Eine Bratreine gut ausbuttern.
Ein Nudeltäschchen mit Fleisch füllen und in die Bratreine »stellen«. Die Prozedur wiederholen, bis die Täschchen aufgebraucht sind.
Über die Schichten die Béchamelsauce gießen. Die Reine in den Backofen schieben und bei 200 Grad 30 Minuten backen. Herausnehmen, mit Parmesan bestreuen und nochmals für 6-7 Minuten in den Backofen stellen.
Sehr heiß servieren.
Dazu bietet man einen schönen, vollen Rotwein.

99 Makkaroni mit Brokkoli *Maccheroni ai broccoli*

400 g Makkaroni, 500 g Brokkoli, 100 g Butter, 150 g Parmesan, 3–4 EL passierte Tomaten, 3 Knoblauchzehen, 20 g Pinienkerne, 1/2 Peperoncino, Petersilie

Die Stengel der Brokkoli sorgfältig schälen, bis man zu den »Herzen« vorgedrungen ist, sie in Stückchen schneiden und mit ihren Köpfen in ganz wenig Salzwasser gardämpfen. Gut abtropfen lassen, in ganz kleine Stücke schneiden und in einer niedrigen Kasserolle zusammen mit der Butter auf eine starke Hitze stellen, dabei fortwährend umrühren.
Den Knoblauch mit der Petersilie kleinhacken, mit den Pinienkernen und dem hal-

ben Peperoncino zu den Brokkoli geben. Langsam 15–20 Minuten köcheln lassen, währenddessen die passierten Tomaten einrühren.
Die Makkeroni in sprudelndem Salzwasser al dente kochen, abseihen. Mit der Sauce in der Pfanne vermischen, noch ein wenig ziehen lassen, den Parmesan hinzufügen, gut durchmischen, und in der heißen Kasserolle servieren.

100 Spaghetti mit Tintenfisch *Spaghetti con le seppie*

400 g Spaghetti, 400 g Tintenfisch, 1/2 Zwiebel, 200 g geschälte Tomaten, Petersilie, 1 Knoblauchzehe, 1/2 Glas Weißwein, 1/2 Peperoncino, Salz, Olivenöl

Die Tintenfische säubern und in Stückchen schneiden. In einer Pfanne mit der kleingehackten Zwiebel in ein wenig Olivenöl andünsten. Mit dem Weißwein begießen, die zerkleinerten Tomaten hinzufügen. Auf kleiner Flamme circa 1/2 Stunde köcheln lassen. Zum Schluß die Knoblauchstückchen und die gehackte Petersilie unterrühren.
Die Spaghetti in reichlich Salzwasser al dente kochen und abseihen. In einer großen Schüssel die Tintenfischsauce unter die Spaghetti rühren.
Mit frischem Olivenöl servieren.

101 Kalte Spaghetti mit Thunfisch *Spaghetti freddi al tonno*

400 g Spaghetti, 100 g Thunfisch in Öl, 1/2 Zitrone, 1 Prise Oregano, 1 TL Kapern, Salz, Pfeffer, 1/2 Glas Olivenöl, Basilikumblätter

Den Thunfisch in einer Schüssel zerbröckeln, mit Olivenöl, dem Saft der halben Zitrone und dem Oregano würzen.
Die Spaghetti in sprudelndem Salzwasser al dente kochen, abseihen, zu dem Thunfisch geben, gut vermischen, pfeffern, und die Kapern darüberstreuen. Erkalten lassen.
Vor dem Servieren mit Basilikumblättchen dekorieren.

Gekühlten Weißwein dazu anbieten.
Am besten schmeckt dieses Gericht – natürlich – an einem heißen Sommertag.

102 Makkaroni mit Safran *Maccheroni allo zafferano*

400 g Makkaroni, 50 g Parmesan, 1 Glas ital. »Küchensahne«, 3 Eier, 100 g gekochter Schinken, 1 Tütchen Safran, Petersilie, Salz, Pfeffer

Den Schinken kleinwürfeln, mit dem geriebenen Parmesan und der Sahne in einer kleinen Kasserolle bis zum Aufkochen bringen. Das Safranpulver untermischen, salzen und pfeffern.
Vom Feuer nehmen und rasch 2 Eigelb unterrühren.
Das dritte Ei hartkochen.
Die Makkaroni in reichlich Salzwasser al dente kochen, abseihen und mit der Sauce vermischen. Das harte Eigelb zerbröckeln und mit der gehackten Petersilie über das Gericht streuen.
Mit geriebenem Parmesan servieren.

Der Fisch

103 Fischsuppe *Cacciucco*

Der Cacciucco ist ein typisches Livorneser Gericht. Dort nimmt man dazu ganz einfach Fische – das heißt, was gerade zu haben ist. Diese »Suppe« ist aromatisch und pikant, darüber hinaus entbindet sie von der italienischen Regel des ersten und zweiten Ganges, da sie auch den größten Appetit befriedigt. Ich mache sie in Deutschland so:

Für 6 Personen

400 g Scampi, 500 g Tintenfische, 500 g einfache Fische Ihrer Wahl, 700 g Weißfisch in Scheiben, 1 kg Muscheln, 500 g geschälte Tomaten oder 700 g frische, 1 Bund Petersilie, 5 Knoblauchzehen, 2 Peperoncino, 1 Baguette, 1 Glas Weißwein oder Cognac

Die Muscheln säubern, mit einem Glas Wasser aufsetzen, öffnen lassen.
Die Fische säubern und waschen, die Scampi schälen, und die Tintenfische in Ringe schneiden (2–3 cm).
In einer breiten und ziemlich hohen Kasserolle den zerkleinerten Knoblauch und den Peperoncino in Olivenöl andünsten. Zuerst die Tintenfischringe, dann später die Scampi hineingeben. Mit etwas trockenem Weißwein oder mit Cognac besprengen. Sobald die Mollusken Farbe angenommen haben, die geschnittenen Tomaten hinzufügen. Mindestens 20 Minuten köcheln lassen, dabei häufig umrühren, wenn notwendig Weißwein oder heißes Wasser zugießen.
Den Kleinfisch Ihrer Wahl hineingeben, darüber die Fischscheiben legen. Von einem Teil der Muscheln das Innere herauslösen, zu dem Fisch geben. Die ganzen Muscheln auf der Oberfläche verteilen, mit gehackter Petersilie bestreuen.
Die Baguette in Scheiben schneiden und im Backrohr rösten. Für Knoblauch-Liebhaber geschälten Knoblauch bereitstellen, mit dem die Brotscheiben eingerieben werden können.

104 Frischer Thunfisch mit grünen Erbsen
Tonno fresco coi piselli

4 Scheiben frischer Thunfisch, 100 g passierte Tomaten, 200 g frische Erbsen (oder aus der Dose), 1/2 Bund Petersilie, 2 Knoblauchzehen, 1/2 Peperoncino oder Pfeffer, Olivenöl, Salz

Den zerkleinerten Knoblauch mit dem Peperoncino in etwas Öl andünsten. Die Fischscheiben hinzufügen. Sobald sie Farbe angenommen haben, die Tomaten zugeben, salzen.

Wenn der Fisch gar ist, die grünen Erbsen aus der Dose hineingeben und einige Minuten ziehen lassen. Sind die Erbsen frisch, in der Sauce länger köcheln lassen, aber die Fischstücke vorher herausnehmen und erst zum Schluß zurückgeben.
Die gehackte Petersilie daruntermischen. Das fertige Gericht mit ein wenig rohem Olivenöl besprengen und sofort heiß servieren.
Wenn es nötig ist, während des Kochens heißes Wasser zugießen, aber immer nur wenig auf einmal.

105 Überbackene Muscheln *Cozze gratinate*

1 kg Muscheln, 100 g Parmesan, 50 g Semmelbrösel, 1 Bund Petersilie, 5 Knoblauchzehen, Olivenöl, 1 Zitrone

Die Muscheln sorgfältig säubern und in wenig kochendem Wasser öffnen lassen (3–4 Minuten). Abgießen.
Auf ein Backblech eine Aluminiumfolie legen. Darauf die Muschelhälften mit dem Muschelfleisch dicht aneinandergedrängt anordnen.
Die Petersilie und den Knoblauch kleinhacken, mit dem Parmesan und den Semmelbröseln vermischen. Auf jede Muschel einen Teelöffel dieser Masse geben, und alles mit ein wenig Olivenöl beträufeln. Garzeit im Backrohr bei 220 Grad 10–20 Minuten, bis sie gratiniert sind.
Mit Zitronenscheiben garnieren und heiß servieren.

106 Gedünstete Sardinen *Sardine in bianco*

500 g mittelgroße frische Sardinen, 4 Knoblauchzehen, 1/2 Bund Petersilie, 1 Zitrone (oder Essig), Salz, Olivenöl, 2 EL Mehl, Pfeffer

Den Sardinen die Köpfe abschneiden, ausnehmen. Von der Bauchseite her aufklappen, und die Gräte herausziehen.

In Öl die Knoblauchzehen erhitzen, wieder herausnehmen. Die vorbereiteten Sardinen in Mehl wenden und in das Öl legen, dünsten.
Sobald sie weiß sind, mit Salz, Pfeffer, Zitrone oder Essig abschmecken. Vor dem Verzehr die gehackte Petersilie darüberstreuen.

107 Gefüllte Tintenfische *Totani ripieni*

8–10 kleinere Tintenfische, 1 Bund Petersilie, 2 Knoblauchzehen, 100 g Semmelbrösel, Salz, Pfeffer, Olivenöl, Weißwein

Die Tintenfische waschen, den Mittelknochen entfernen, die Fangarme abschneiden und beiseitelegen.
Die Petersilie, den Knoblauch, die Fangarme (wenn nicht vorhanden 2 Tintenfische) kleinhacken, die Semmelbrösel hinzufügen und mit Olivenöl, Salz und Pfeffer würzen.
Die Tintenfische mit dieser Masse füllen, mit einem Zahnstocher feststecken. In eine Kasserolle mit etwas Olivenöl geben, salzen, pfeffern und langsam weich garen. Ab und zu mit Weißwein löschen.

108 Gemischte kleine Backfische *Frittura mista di pesce*

Fritierter Fisch ist, wie man weiß, eine köstliche Angelegenheit. Wer ihn jemals in einem guten Restaurant am Meer gegessen hat, erinnert sich bestimmt noch an dessen Aroma und an den knackigen Biß. Trotz der Gefahr, daß manche der aufgeführten Fische in Deutschland nicht auffindbar sind, gebe ich Ihnen trotzdem das Originalrezept und hoffe, daß Sie sich einmal in der Situation befinden, es anwenden zu können.

500 g Fischchen, 300 g Tintenfische, 200 g Scampi, 5 EL Mehl, Pflanzenöl zum Fritieren, Salz, 1 Zitrone, Petersilie

Die Fischchen säubern und waschen. Sind sie sehr klein, kann man sie auch mit dem Kopf essen. Die Tintenfische in Ringe schneiden, die Scampi schälen.
In einer Friteuse reichlich Öl zum Sieden bringen, die Fische, Tintenfische und Scampi in dem Mehl wälzen. In die Pfanne geben. Wenn sie ganz klein sind, herausnehmen, sobald sie goldgelb sind. Sind sie etwas größer, die Hitze mindern und einige Minuten länger fritieren.
Gut abtropfen lassen, auf einer Platte anrichten, mit Zitronenachteln und Petersilienbüschelchen dekorieren.

109 Marinierte Anchovis *Acciughe marinate*

100 g Anchovis in Salz, 1 Bund Petersilie, 4 Knoblauchzehen, 1/2 Glas Olivenöl, 1/2 Peperoncino

Die Anchovis säubern (die Gräten entfernen) und sorgfältig das Salz abwaschen.
Die Petersilie mit dem Knoblauch und dem Peperoncino feinhacken. Wer seine Schärfe nicht mag, kann den Knoblauch einige Minuten in heißes Wasser legen.
Die Anchovis in einem tiefen Teller anordnen, mit dem gehackten Gewürz bedekken und Olivenöl darüberträufeln. Aufschichten, bis der Fisch aufgebraucht ist.
Einen halben Tag an einem kühlen Ort ziehen lassen (aber nicht im Eisschrank).
Eine köstliche Vorspeise, die sich auch außerhalb des Eisschrankes 8 Tage lang frisch hält. Man kann sie auch zu Brot – als Imbiß – essen.
Man kann den Peperoncino weglassen, aber es wäre schade, denn er gehört zu diesem pikanten Gericht.

110 Seepolypen *Polpo*

1/2 kg Polypen, 1/2 Glas Rotweinessig, 1 Liter Wasser, 1 Zitrone, 1 Glas neues Öl, 2 Knoblauchzehen, 1 Bund Petersilie, Salz, Peperoncino

Die gesäuberten Polypen in das kalte Wasser mit dem Essig legen, auf das Feuer stellen, aufkochen lassen, 40 Minuten kochen.

Den Topf vom Feuer nehmen, erkalten lassen.
Die Polypen herausnehmen, in kleine Stückchen schneiden, die gallertartigen Teile entfernen. Knoblauch, Petersilie und Peperoncino feinhacken. In einer Terrine mit dem Öl und dem Saft einer Zitrone alles mischen. Eine Stunde ziehen lassen.
Auf diese Weise läßt sich das Gericht eine Woche lang aufheben. (An einem kühlen Ort, aber nicht im Kühlschrank!)
P. S.: Sollte das Polypenfleisch immer noch hart sein, beschimpfen Sie bitte das arme Tier nicht. Dann war es zu frisch!

III Rotbarben auf Livorneser Art
Triglie alla livornese

Daß es eine bessere Art gibt Rotbarben zuzubereiten, lehne ich ab. Denn hier geht es nicht um den Geschmack allein, sondern auch um die Farbe: Sie ist ein Fest für die Augen, dem niemand widerstehen kann. Die Rotbarben sind mittelgroße Fische von leuchtendpurpurner Färbung, die mit dem Rot der Tomaten liebäugeln und mit dem frischen Grün der Petersilie verziert werden möchten.

8 Rotbarben, 200 g passierte Tomaten, 1/2 Bund Petersilie, 3 Knoblauchzehen, Olivenöl, Salz, 1 Peperoncino

In einer flachen Kasserolle den zerkleinerten Knoblauch und den Peperoncino in etwas Olivenöl andünsten. Die Tomaten und einen Teil der gehackten Petersilie hinzufügen. Sorgfältig salzen. 15 Minuten köcheln lassen.
Die Fische säubern, waschen und abtropfen lassen, nebeneinander in die Kasserolle legen. 10 bis 15 Minuten zugedeckt dünsten. Auf diese Art braucht man die Fische nicht zu wenden und kann sicher sein, keinen »Fischbruch« zu erleiden.
Auf einer Platte anrichten, mit der restlichen Petersilie bestreuen und heiß servieren.

112 Stockfisch mit Lauch *Baccala' con i porri*

500 g Stockfisch, 1 Lauchstange, 250 g geschälte Tomaten, 2 EL Mehl, Öl, Salz, Pfeffer

Den Stockfisch wässern, entsalzen und in 3 x 5 cm große Scheiben schneiden. In dem Mehl wälzen und in siedendem Öl goldgelb ausbacken.
Den gut gesäuberten Lauch in feine Streifen schneiden und in einer großen Pfanne mit ein wenig Öl weichdünsten. Wenn notwendig, heißes Wasser hinzufügen. Sobald der Lauch gar ist, die Stockfischscheiben darüber anordnen und mit den Tomatenstückchen belegen. Vorsichtig salzen und pfeffern. Noch ungefähr 20 Minuten schmoren.

113 Schnecken in Tomatensauce *Chiocciole in umido*

ca. 100 Weinschnecken, 400 g geschälte Tomaten, 2 Zwiebeln, 2 Stangen Bleichsellerie, 1 Karotte, 1/2 Bund Petersilie, 1 Peperoncino, Pferdeminze, 2 Knoblauchzehen, Olivenöl, Salz

Eine Selleriestange und die Zwiebel kleinhacken, mit den Schnecken in eine Kasserolle geben und zugedeckt mindestens 3 Stunden langsam kochen. Salzen.
Den Knoblauch, die Petersilie, die zweite Zwiebel, die Karotte und den restlichen Bleichsellerie kleinhacken, in einer breiten und niedrigen Kasserolle mit Olivenöl andünsten. Die zerkleinerten Tomaten hinzufügen und circa 10 Minuten kochen lassen. Wenn nötig, Wasser beigeben. Salzen.
Die Schnecken in die Sauce geben, die Pferdeminze und den Peperoncino daruntermischen, und nochmals ca. 2 Stunden weiterkochen lassen; wenn nötig, ab und zu Wasser dazugießen.
Man kann die Schnecken auch fertig kaufen, aber dann ist der halbe Spaß weg. In der Toskana sind alle leidenschaftliche Schneckensammler. Man findet sie nach

starken Regenfällen – im Frühjahr oder im Herbst – im hohen Gras beim Aufstöbern von diesen Delikatessen.
Die Schnecken werden für eine Woche in Deckelkörbchen über eine Schicht Kleie gelegt. Nach dieser Zeit werden sie gründlich gewaschen: mit Wasser, Essig und Salz. Nach dieser Operation sind sie »fertig«. Nun können sie gekocht und gegessen werden.

114 Stockfisch nach Florentiner Art (und Fritierte Polenta)

Baccala' alla fiorentina (con polenta fritta)

500 g Stockfisch, 200 g passierte Tomaten, 4 Petersilienstänglein, 2 Knoblauchzehen, 2 EL Mehl, Pfeffer, Salz, Öl

Den Fisch wässern und entsalzen, in 3 x 6 cm große Scheiben schneiden. In dem Mehl wälzen. Die halbierten Knoblauchzehen in etwas Öl andünsten, die Fischstücke dazugeben, goldgelb braten. Die passierten Tomaten und die gehackte Petersilie hinzufügen. Noch etwas köcheln lassen, vorsichtig salzen und pfeffern. Heiß servieren.
Besonders gut schmeckt dazu fritierte Polenta (Nr. 18).

115 Gebackene große Sardinen *Sarde al forno*

1 kg große Sardinen, 1 reife Tomate, 1 Bund Petersilie, 4 Knoblauchzehen, 1 Zitrone, Salz, Pfeffer, Olivenöl

Die von den Köpfen befreiten Sardinen aufklappen, Gräten und Innereien entfernen. Die Fische sorgfältig reinigen, abtrocknen und in einer vorgebutterten Bratreine aneinanderreihen. Dazwischen Tomatenschnitze (ohne Schale) stecken.
Die Petersilie mit dem Knoblauch kleinhacken und über die »Sarden« streuen. Ein wenig Olivenöl darüberträufeln, salzen, pfeffern.

Im Backrohr bei 200 Grad ca. 15–20 Minuten garen.
Vor dem Servieren mit dem Zitronensaft beträufeln und mit Zitronenscheiben und Petersilienblättchen verzieren.

116 Goldbrasse mit Rosmarin *Orata al rosmarino*

1 Goldbrasse von ca. 700–800 Gramm (oder zwei kleinere), 3 Knoblauchzehen, 4 Rosmarinzweiglein, Salz, Pfeffer, 1 Zitrone, Olivenöl

Den Fisch schuppen und innen und außen sorgfältig säubern. Den Kopf nicht abtrennen. Den Knoblauch und 1 Zweiglein Rosmarin in den Fisch stecken. Salzen und pfeffern.
In eine mit Olivenöl ausgepinselte Bratreine die übrigen 3 Rosmarinzweige der Länge nach anordnen. Den Fisch darüberlegen. (Der Rosmarin verhindert das Ankleben des Fisches, so daß man ihn dann ganz leicht herausnehmen kann.) Ein wenig Olivenöl darüberträufeln.
Im Backofen bei starker Hitze etwa 20 Minuten backen. Ab und zu eine Gabelprobe machen.
Mit Zitronenscheiben und frischem Olivenöl servieren.

117 Aal auf florentinisch *Anguilla alla fiorentina*

Ich finde, daß der an und für sich sehr fette und ölhaltige Aal am allerbesten vom Grill schmeckt.
Hier ist aber dennoch ein köstliches florentinisches Rezept. Versuchen Sie es!
Dazu braucht man kleine, junge Aale. Sie sind viel weniger fett.

2 Aale, 2 Knoblauchzehen, 100 g Semmelbrösel, Salbeiblätter, Salz, Pfeffer, Olivenöl, 1 Gläschen Wasser

Die Aale häuten, säubern und in zwei fingerdicke Scheiben schneiden. Salzen, pfeffern. 1 Stunde ruhen lassen.

Den Knoblauch mit ganz wenig Öl und den Salbeiblättern in einer schweren Eisenpfanne anschmoren.
Die in Semmelbrösel gewendeten Aalscheiben in der Eisenpfanne nebeneinander anordnen. Von beiden Seiten Farbe nehmen lassen. Mit dem Wasser beträufeln. Bedeckt fertiggaren.

118 Fischfilet mit Mayonnaise
Pesce al piatto con maionese

Fisch: Filets vom Weißfisch (z. B. Seezunge), Salz, Pfeffer, Zitrone, Petersilie, 1 Knoblauchzehe, Olivenöl
Mayonnaise: 2 Eier, ½ Glas Sonnenblumenöl, Salz, Pfeffer, Zitrone

Fisch: Die Fischfilets auf einen Teller legen und mit einem anderen Teller zudecken. Beide Teller über einen Kochtopf mit ca. 1 Liter kochendem Wasser stellen. Nach 10 Minuten die Teller umdrehen. Jetzt noch 5–7 Minuten, und die Filets sind gar. Um sicher zu gehen, den Fisch abdecken und ein Pröbchen mit dem Zahnstocher machen. (Vornehmen.)
Mayonnaise: Beide Eier hartkochen, das Gelb herausnehmen. Das Olivenöl langsam in die Eigelb einrühren. Zum Schluß den Saft einer halben Zitrone beifügen – salzen und pfeffern.
Man sollte die Filets auf dem gleichen Teller anbieten: mit Petersilie und gehacktem Knoblauch, mit Zitronenscheiben verziert und mit Olivenöl beträufelt. Dazu gibt es die Mayonnaise.
Ein delikates Gericht, das zur warmen Jahreszeit paßt.

119 Fisch in Knoblauchsauce *Pesce in agliata*

Fisch: 1 Pfund Fischfilet (Seezunge o. ä.), ½ Zitrone, 2 Lorbeerblätter, 1 Glas Weißwein
Sauce: 3 Eier, 2 Weißbrotscheiben, 1 Knoblauchzehe, 50 g Olivenöl, Salz, Pfeffer, Saft einer halben Zitrone

1. Die Eier zusammen mit der Knoblauchzehe hartkochen. (Ca. 7 min.) Die zerbröckelte Weißbrotkrume mit drei Eigelb und der zerdrückten Knoblauchzehe zu einer Masse verrühren. Das Olivenöl langsam einrühren, zum Schluß schlagen. In die cremige Masse den Zitronensaft unterrühren und gut einziehen lassen.
2. Die Fischfilets in einer Pfanne mit dem Lorbeerblatt, der in Scheiben geschnittenen Zitrone und dem Weißwein leise köcheln lassen. Nach 10 Minuten eine Gabelprobe machen.
Die Filets vorsichtig herausnehmen, auf einer vorgewärmten Platte anrichten und mit der Sauce bedecken.
Heiß servieren.

120 Tintenfische gedünstet, auf Mangold
Totoni o seppie in umido sulle bietole

500 g Tintenfische, 1/2 Zwiebel, 4 Knoblauchzehen, 1 Bund Petersilie, 1 kg Mangold, 400 g passierte Tomaten, 1 Karotte, Salz, Pfeffer oder 1 Peperoncino, Olivenöl

Die Tintenfische reinigen, waschen und in Streifen schneiden. Die Zwiebel, die Karotte, die Petersilie und den Knoblauch kleinhacken und in einer Kasserolle mit ein wenig Olivenöl dünsten. Salzen, pfeffern – oder den Peperoncino beigeben. Die passierten Tomaten hinzufügen und mindestens noch 40 Minuten bedeckt köcheln.
Den Mangold gut waschen und in wenig Salzwasser garen. Abseihen, gut ausdrükken und kleinhacken.
Unter den Tintenfisch heben und schön ziehen lassen.
In der gleichen Kasserolle (am besten einem Tontopf) heiß servieren.

121 Seebarbe in der Folie *Triglie al cartoccio*

4 große Seebarben, 1 Bund Petersilie, 4 Knoblauchzehen, 1 Zitrone, Olivenöl, Salz, Pfeffer, Aluminiumfolie

Die Seebarben sorgfältig säubern, in eine Schüssel legen und circa 1 Stunde lang marinieren: in einer Sauce aus gehackter Petersilie, kleingehacktem Knoblauch, dem Saft einer Zitrone und Olivenöl. Salzen, pfeffern.
Die Fische in eine ausreichend große Aluminiumfolie legen, die Marinade darüberstreichen und die Folie gut verschließen.
Im heißen Ofen circa 15–20 Minuten backen.
Das gleiche Rezept könnte man in unser Kapitel »Grill« aufnehmen.

122 Fischtorte *Torta di pesce*

400 g grätenloser Fisch, 200 g Reis, 200 g Pilze, 200 g grüne Erbsen, 50 g Pinienkerne, 50 g Rosinen, 2 Eier, 100 g Parmesan, 1 Zwiebel, 1 Stange Bleichsellerie, 1 Karotte, Petersilie, Salz, Pfeffer, 1 Knoblauchzehe

1. Den Reis in einem Topf mit ein wenig Butter und einer halben gehackten Zwiebel andünsten. Immer wieder umrühren, immer wieder Wasser hinzufügen, garkochen. Wenn die Masse erkaltet ist, die verquirlten Eier, 30 g Parmesan, Salz und Pfeffer einrühren.
2. Die Karotte, den Sellerie, 1/2 Zwiebel und die Petersilie kleinhacken, andünsten. Darin zuerst die Pilze und nach 5–10 Minuten die grünen Erbsen mitdünsten.
3. Den Fisch mit dem kleingehackten Knoblauch und der Petersilie in etwas Olivenöl gardünsten, ihn dann mit 2 Gabeln zerpflücken, die Pinienkerne und die Rosinen hinzufügen und alles zusammen mit den Pilzen und den Erbschen vermischen.
4. TEIG: 400 g Mehl, 150 g Butter, lauwarmes Wasser, etwas Salz.
Sorgfältig verrühren und durchkneten und eine halbe Stunde ruhen lassen.
Mit einem Nudelholz ausrollen.

Eine Bratreine gut fetten und mit dem Teigblatt auslegen. Nun die Hälfte vom Reis einfüllen, den Fisch mit dem Gemüse darüberlegen und mit dem restlichen Reis bedecken. – Der Teig sollte rundherum einen richtigen Rand bilden.
Mit Parmesan bestreuen.
Im Backofen bei 200 Grad etwa 20–30 Minuten ausbacken.
Lauwarm servieren. Im Sommer schmeckt die Torte auch kalt. Dazu einen kühlen Weißwein servieren, zum Beispiel einen Verdicchio.

Das Fleisch

123 Gemischtes Suppenfleisch *Bollito misto*

500 g Wadenfleisch vom Rind, 1/2 Huhn, 2–3 Markknochen, 2 große Karotten, 3 Stangen Bleichsellerie, 1 Kartoffel, 1 Zwiebel, Salz, Pfeffer, Öl, 3 Liter Wasser, 1 Zitrone

Das Fleisch, das Huhn, die Markknochen und das gesäuberte Gemüse in einen großen Topf geben, in wenig Öl andünsten. Das Wasser dazugießen und auf kleiner Flamme 3 Stunden zugedeckt kochen lassen. Salzen. Wenn notwendig, heißes Wasser beifügen.
Das Fleisch und das Gemüse in Scheiben schneiden und auf einer flachen Platte anrichten.
Mit Salsa Verde (S. 100) oder nur mit Salz, Pfeffer, Öl und Zitronenscheiben servieren, damit sich jedermann bei Tisch die gewünschte Würze selbst zusammenstellen kann.

124 Aufgewärmtes Suppenfleisch *Bollito rifatto*

Für 6 Personen

700 g Suppenfleisch, 100 g geschälte Tomaten, 1 Glas Rotwein, 1/2 Bund Petersilie, 3 Zwiebeln, Fleischbrühe, 2 Knoblauchzehen, Olivenöl, Butter, Salz, Pfeffer

Die feingehackten Zwiebeln in einer Kasserolle in etwas Olivenöl und Butter andünsten. Mit dem Wein löschen und weiterdünsten. Die Tomaten hinzufügen, salzen und pfeffern. Etwas Fleischbrühe angießen, eine halbe Stunde köcheln lassen. Das gekochte Fleisch in Scheiben schneiden, in die Sauce legen. Zugedeckt eine weitere halbe Stunde dünsten.
Die Petersilie mit dem Knoblauch kleinhacken.
Das Fleisch mit der Sauce auf einer Platte anrichten, mit der Petersilie und dem rohen Knoblauch bestreuen und servieren.

125 Gulasch mit Kartoffeln *Spezzatino con le patate*

1 kg Gulaschfleisch, 500 g Kartoffeln, 200 g geschälte Tomaten, 1 Zwiebel, Salz, Pfeffer, Olivenöl

Die Fleischwürfel mit der kleingehackten Zwiebel in einer Kasserolle mit Öl anbraten. Salzen, pfeffern. Die Kartoffeln schälen, in Stücke schneiden und zusammen mit den Tomaten hinzufügen. 3 Stunden auf kleiner Flamme zugedeckt schmoren lassen. Ab und zu etwas Wasser zugeben.

126 Pfefferfleisch der Tonbrenner von Impruneta *Peposo alla fornacina*

1 kg Wadenfleisch vom Kalb, 350 g passierte Tomaten, 5–6 Knoblauchzehen, 1 Glas Rotwein, Wasser, Salz, 3–4 TL gemahlenen schwarzen Pfeffer

Das Fleisch in 40-g-Stücke würfeln. Mit dem zerkleinerten Knoblauch, den Tomaten, Salz und Pfeffer in einer Kasserolle auf das Feuer stellen. Mit kaltem Wasser bedecken. Langsam auf kleiner Flamme circa 2 Stunden schmoren.
Den Wein hinzufügen, 1 Stunde weiterschmoren.
In dieses Gericht kommt kein Fett – kein Öl, keine Butter.

P. S.: Dieses Rezept stammt aus dem 15. Jahrhundert und ist von Professor Cocchi aus Impruneta aufgezeichnet worden.
Dies ist die Geschichte: Als die Tonbrenner von Impruneta bei Florenz ihre fertiggestellten Tongefäße, Dachziegel und Skulpturen aus rohem Ton in die mit Holz angefachten Öfen zum Brennen eingeschichtet hatten, nutzten sie das bereitstehende Feuer und kochten das traditionelle »Brenngericht« das *Peposo*, in der Asche. Zusammen mit dem Chianti Putto half es den Familien, die Nervosität der Erwartung zu überbrücken.

127 Kalbsschnitzel nach Livorneser Art *Scaloppine alla livornese*

4 Kalbsschnitzel, 30 g Butter, 1/2 Glas Brühe, 1 EL Marsala oder Vin Santo, 1 Prise Mehl, Salz, Pfeffer, 2 Petersilienstangen

Die Schnitzel weichklopfen, in eine Pfanne mit der Butter geben. Salzen, pfeffern. Die Schnitzel wenden und langsam die Brühe hinzufügen, um die nötige Feuchtigkeit zu erhalten. Wenn das Fleisch gar ist, mit dem Mehl binden und mit dem Marsala (oder Vin Santo) beträufeln.
Mit der gehackten Petersilie bestreuen und servieren.

128 Schnitzel mit Zwiebeln *Braciole alla cipolla*

4 Schnitzel à 100 g, 4 Zwiebeln, Olivenöl, Salz, Pfeffer

Die feingeschnittenen Zwiebeln in einer Pfanne mit etwas Olivenöl andünsten. Die Schnitzel darüber anordnen, salzen, pfeffern. Zugedeckt etwa 1 Stunde dämpfen (dünsten).

129 Kalbfleisch in Milch *Vitello nel latte*

1 kg Wadenfleisch vom Kalb (ohne Knochen), 50 g Butter, 2 Zwiebeln, 1/2 Liter Milch, Salz, Pfeffer

Das Kalbfleisch zusammenrollen, mit Küchengarn zubinden und in einer Kasserolle in Butter anbraten. Die feingehackten Zwiebeln hinzufügen. Salzen, pfeffern. Sobald die Zwiebeln gar sind, die heiße Milch in 3 gleichen Portionen nach und nach darübergießen. Zugedeckt mindestens 2 Stunden dünsten.
Das Fleisch in Scheiben schneiden und auf einer Platte anrichten. Die Sauce durch ein Sieb streichen und darübergeben.
Heiß servieren.

130 Kalbshaxe in Scheiben *Ossobuco di vitella*

4 Scheiben Kalbshaxe, 1 große Zwiebel, 1 Karotte, 1 Selleriestange, Petersilie, 1 EL Mehl, 1 Glas Brühe, Salz, Öl

Die Zwiebel kleinhacken und in einem Topf mit wenig Öl glasig dünsten. Herausnehmen und beiseitestellen. Die Haxenscheiben in Mehl wälzen und im Zwiebeltopf rundherum anbraten. Sobald sie Farbe angenommen haben, die Zwiebeln und das inzwischen kleingehackte Gemüse beifügen. Salzen. Langsam dünsten, mit Bouillon begießen. Kochzeit ca. 1 Stunde.
Dazu grüne Erbsen oder gekochten Reis servieren.

131 Geschmorter Milchkalbsbraten *Arrosto di vitella di latte al tegame*

Für 2 Personen

300 Milchmastkalbsbraten, 1/4 Zwiebel, 1 Blatt Basilikum, Salz, Pfeffer, Öl

Das Fleisch in einer kleinen Kasserolle mit der Zwiebel, dem Basilikum und etwas Öl auf das Feuer stellen. Salzen, pfeffern.
35 Minuten zugedeckt auf kleinster Flamme im eigenen Saft schmoren lassen. Das Fleisch darf nicht anbräunen, sondern soll seine schöne weiße Farbe behalten.

132 Gebratene Schweinslende *Arista*

Dazu braucht man eine Schweinslende von 2–3 kg am Stück mit den Rippen (Rippenstück).

2–3 kg Schweinslende, 6 Knoblauchzehen, 1 Büschel Rosmarin, Salz, Pfeffer, Olivenöl

Das Fleisch mit Knoblauch und Rosmarin spicken, salzen und pfeffern.
In einer mit Olivenöl gefetteten Bratreine circa 1 1/2 Stunden bei 220 Grad Hitze im Backofen garen.
Man reicht die Arista mit Kartoffeln, die man mitschmort, oder mit Blattspinat.

133 Rinderbraten *Stracotto*

800 g Rinderbraten, 3 Scheiben durchwachsener Speck, 1 Zwiebel, 1 Karotte, 1 Stange Bleichsellerie, 3 EL passierte Tomaten, 3 Gläser Fleischbrühe, Salz, Pfeffer, 50 g Butter, 1 Glas Rotwein

Das Fleisch mit dem Speck belegen, einrollen und mit Küchengarn festbinden. Mit der Butter in einer Kasserolle anbraten. Salzen, pfeffern, und den Rotwein darübergießen. Die Zwiebel, die Karotte und den Sellerie kleinhacken. Sobald der Braten rundherum Farbe angenommen hat, das kleingehackte Gemüse hinzufügen und so lange weiterdünsten, bis alles zusammen goldbraun ist. Die Tomaten hineingeben und zugedeckt 3 Stunden dünsten. Dazwischen immer wieder Fleischbrühe dazugießen. Es muß reichlich Sauce entstehen.

Den Braten in Scheiben schneiden, auf einer Platte anrichten und mit der Sauce bedecken.
Heiß servieren.

134 Schweineschnitzel toskanisch
Costolette di maiale alla toscana

Für 6 Personen

6 Schweineschnitzel, 1 Knoblauchzehe, 1 Prise Fenchelsamen, 2 EL Olivenöl, Salz, Pfeffer

Den gehackten Knoblauch in einer breiten Kasserolle mit dem Öl andünsten.
Die Schnitzel von beiden Seiten mit Salz, Pfeffer und ein wenig Fenchelsamen würzen, in die Kasserolle legen. Auf starker Flamme goldgelb braten. Ein wenig heißes Wasser darübergießen, und auf kleiner Flamme fertiggaren.

135 Schweinekottelett mit Oliven
Bistecchine di maiale con le olive

4 Schweinekotteletts , 100 g schwarze Oliven, 2 Knoblauchzehen, 250 g passierte Tomaten, 2 Lorbeerblätter, Olivenöl, Salz, Pfeffer

Die Kotteletts mit dem Knoblauch in wenig Olivenöl anbraten. Sobald sie von beiden Seiten Farbe angenommen haben, die Tomaten und die Oliven hinzufügen. Salzen, pfeffern, die Lorbeerblätter hineingeben.
Auf kleiner Flamme 20 Minuten fertiggaren.

136 Rindsleber mit Salbei *Fegato di manzo alla salvia*

1 Scheibe Rindsleber pro Person, Salbeiblätter, Knoblauchzehen, Mehl, Olivenöl, Salz, Pfeffer

Die Knoblauchzehen in einer Pfanne mit etwas Olivenöl anrösten.
Die Leberscheiben in Mehl wenden, mit Salbeiblättern belegen und auf starkem Feuer in der Pfanne mit dem Knoblauch von beiden Seiten braten.
Zum Schluß salzen und pfeffern.
Sofort servieren.

137 Gebackenes Hirn *Cervello fritto*

500 g Hirn, 3 TL Mehl, 2 Eier, Zitrone, Pfeffer, Salz, Öl zum Ausbacken

Das Hirn in kochendem, gesalzenem Wasser abbrühen.
Herausnehmen, in Stückchen schneiden, salzen und pfeffern.
Das Mehl in 2 Eßlöffeln Öl anrühren, die Eier hinzufügen, zu einem Teig verrühren.
Die Hirnstückchen darin umwenden und in reichlich siedendem Öl fritieren.
Mit Zitronenscheiben servieren.

138 Lamm mit Kartoffeln *Agnello e patate*

1 kg Lammfleisch (am besten die Keule), 500 g Kartoffeln, 2 Zweiglein Rosmarin, 5 Knoblauchzehen, Salz, Pfeffer, Olivenöl, 1 Glas Weißwein

Das Lammfleisch mit Rosmarin und 3 Knoblauchzehen spicken. Salzen, pfeffern.
Die Kartoffeln schälen und in Stücke schneiden.
In eine Bratreine etwas Olivenöl geben, und das Lammfleisch in die Mitte legen.

Die Kartoffeln um das Fleisch anordnen, salzen und mit 2 ganzen Knoblauchzehen und etwas Rosmarin belegen.
2 1/2 Stunden im Backofen bei 200 Grad Hitze dünsten. Sollte das Lammfleisch ein wenig eintrocknen, mit Weißwein löschen.

139 Geschmorte Lammkeule mit grünen Erbsen *Agnello al sugo con i piselli*

1 kg Lammkeule, 500 g grüne Erbsen (Dose), 50 g frischen, durchwachsenen Speck, 1/2 Glas trockenen Weißwein, 250 g geschälte Tomaten, 5 EL Öl, 1 Rosmarinzweiglein, 4 Knoblauchzehen, 2 EL Petersilie, Salz, Pfeffer

Das Lammfleisch mit dem Knoblauch und dem Rosmarin spicken, salzen, pfeffern. In einen Topf die Speckwürfel und das Öl geben. Die Lammkeule darin anbraten. Den Wein darübergießen und verdampfen lassen. Die zerkleinerten Tomaten und die gehackte Petersilie hinzufügen. 1 1/2 Stunden auf kleiner Flamme bedeckt schmoren. Zum Schluß die grünen Erbsen dazugeben und sie 7–8 Minuten in dem Saft ziehen lassen.
Das Lammfleisch in Scheiben schneiden, auf einer vorgewärmten Platte anrichten, die Erbsen rundherum anordnen, mit der Sauce begießen und heiß servieren.

140 Gedünstetes Kaninchen *Coniglio al tegame*

1/2 Kaninchen, 1/2 Zwiebel, 1 Glas Weißwein, Rosmarin, Olivenöl, 1 Knoblauchzehe, Salz, Pfeffer

Das Kaninchen in mehrere Stücke zerteilen. Die Teile waschen, gut abtrocknen, mit Rosmarin, Salz und Pfeffer würzen und in eine Kasserolle mit ein wenig Olivenöl und der halben Zwiebel legen.
Von allen Seiten anbraten. Zugedeckt auf kleiner Flamme 1 1/2 Stunden garen, mit dem Weißwein löschen.

141 Gebackenes Kaninchen *Coniglio fritto*

1/2 Kaninchen, 2 EL Mehl, 1 Ei, Salz, Pfeffer, Zitrone, 1/2 Glas Öl zum Ausbacken

Das Ei mit dem Mehl zu einem Teig anrühren. Salzen, pfeffern.
Das Kaninchen in mehrere Stücke zerteilen, waschen und gut abtrocknen.
In einem nicht allzu großen Kochtopf reichlich Öl zum Sieden bringen. Die Kaninchenstücke in dem Teig wenden, nach und nach in das Öl hineingeben. Auf kleiner Flamme 30–40 Minuten fritieren. Gut abtropfen lassen, nachsalzen.
Mit Zitronenscheiben servieren.

142 Masthuhn mit Fenchelsamen *Pollastro affinocchiato*

1 junges Masthuhn, 100 g durchwachsener Speck, 1 kl. TL Fenchelsamen, 1 1/2 Glas Fleischbrühe, Olivenöl, Salz, Pfeffer

Das Huhn in 8 Teile zerteilen, waschen und gut abtrocknen. In einer Kasserolle mit den Speckwürfeln, ein wenig Olivenöl, Salz und Pfeffer anbraten. Sobald die Hühnerstücke von allen Seiten Farbe angenommen haben, die Fenchelsamen hinzufügen, mit der Fleischbrühe oft begießen und 1 Stunde dünsten.
Darauf achten, daß die Sauce nicht allzusehr verdunstet. Zum Schluß mit einem halben Teelöffel Mehl binden.
Heiß servieren.

143 Hühnchen auf einfache Art *Pollo alla semplice*

1 Hühnchen, 1 kg Kartoffeln, 4 Knoblauchzehen, Rosmarin, 4 Blätter Salbei, Salz, Pfeffer, Öl

Das Hühnchen mit Rosmarin, Knoblauch und Salbei füllen, salzen, pfeffern. In eine Bratreine mit wenig Öl legen.

Die Kartoffeln schälen, in Stücke schneiden, um das Hühnchen anordnen und mit Salz, Pfeffer und Rosmarin bestreuen.
Im Backofen bei 220 Grad ungefähr 1 Stunde braten.

144 Hühnchen mit Gemüse *Pollo con le verdure*

1 Hühnchen, 2 Karotten, 2 Selleriestangen, 1/2 Zwiebel (oder 1/2 Lauchstange), 2 Knoblauchzehen, 250 g geschälte Tomaten, 1 Kartoffel, 100 g Pilze, Salz, 1/2 Peperoncino, Öl, Salbei

Das Huhn in Portionsstücke zerteilen; das Gemüse kleinschneiden.
Mit ein wenig Öl, dem Salz, dem Peperoncino und dem Salbei mischen und auf das Feuer stellen, Farbe annehmen lassen. Die Tomaten zerkleinern, dazugeben. Etwa 1 Stunde zugedeckt kochen lassen. Ab und zu heißes Wasser oder Brühe zugießen. Darauf achten, daß die Sauce dickflüssig bleibt. Zum Schluß die inzwischen in Butter gebratenen Pilze hinzufügen und noch einige Minuten durchschmoren.

145 Hähnchen mit Oliven *Pollo con le olive*

1 Hähnchen, 100–150 g schwarze Oliven, 1 Zwiebel, 5 Salbeiblätter, 100 g passierte Tomaten, 2 Knoblauchzehen, 1 Glas Weißwein, Olivenöl, Salz, Pfeffer

Das Huhn zerteilen, mit der kleingehackten Zwiebel und etwas Öl in eine Kasserolle geben, salzen und pfeffern. Anbraten. Die Salbeiblätter und den zerkleinerten Knoblauch hinzufügen. Mit dem Wein löschen. Sobald das Hähnchen eine schöne Farbe hat, die Tomaten beigeben. Zugedeckt 1 1/2 Stunden köcheln lassen.
Zum Schluß die Oliven daruntermischen und ziehen lassen.
Heiß servieren.

146 Gefüllte Tauben im Bratrohr
Piccioni ripieni al forno

2 Tauben, mittelgroß mit ihren Innereien, 1 Ei, 4 Brötchen, Olivenöl, 1/2 Glas Milch, 3 Knoblauchzehen, 1 Bund Petersilie, Salz, Pfeffer

Die Tauben und die Innereien gut waschen und abtrocknen. Die Innereien 10 Minuten in wenig Olivenöl dünsten. Wenn nötig, etwas heißes Wasser hinzufügen.
Die Brötchen in Würfel schneiden und in eine Suppenschüssel mit der Milch legen, damit sie feucht werden. Die Petersilie, die gehackten Innereien, das Ei und das Brot zu einem Teig kneten. Salzen, pfeffern. Die Tauben mit dieser Masse füllen, mit Küchengarn zunähen.
In einer Bratreine mit wenig Öl anordnen, salzen und mit den Knoblauchzehen belegen.
Im Backofen bei 220 Grad 45–60 Minuten garen.

147 Geschmorter Truthahn *Tacchino al latte*

500–600 g Truthahnoberkeule, 1 Karotte, 1/2 Zwiebel, 1 Stück Stangensellerie, 2 Blätter Salbei, 2 Knoblauchzehen, Salz, Pfeffer, Öl, 1/2 Glas Milch

Den Truthahn in Stücke schneiden und in Öl Farbe annehmen lassen. Das kleingeschnittene Gemüse mitdünsten, mit Wasser ablöschen und zugedeckt auf kleiner Flamme 1–1 1/4 Stunden schmoren lassen.
Die Sauce etwas eindicken lassen, die Milch zugeben, und bis zum Servieren unbedeckt ziehen lassen.

148 Geschmorte Wachteln in der Kasserolle
Quaglie al tegame

4 Wachteln, 1/2 Glas trockener Weißwein, 1 Zweiglein Rosmarin, 2 Knoblauchzehen, Öl, Salz, Pfeffer

Die küchenfertigen Wachteln innen und außen salzen und pfeffern, in Öl scharf anbraten und Farbe annehmen lassen. Die Gewürze dazugeben, kurz mit etwas Wasser oder Wein löschen, bedecken und auf kleiner Flamme 40 Minuten schmoren lassen.
Wer gerne grüne Erbsen mag, kann eine kleine Dose kurz vor dem Servieren mit den Wachteln in deren Saft erwärmen.
Alles zusammen auf einer Platte anrichten und heiß servieren.

149 Wachteln, gefüllt mit Rosinen und Reis *Quaglie ripiene di uva passa e riso*

4 Wachteln, 100 g Reis, 50 g Rosinen, 4 Salbeiblätter, 4 Knoblauchzehen, Salz, Pfeffer, Olivenöl

Den Reis garkochen, abgießen. Mit dem zerkleinerten Knoblauch, den Rosinen, dem Salbei, Salz und Pfeffer vermischen. Die Wachteln mit der Masse füllen und mit Küchengarn zunähen.
Die gefüllten Wachteln in eine Bratreine mit etwas Olivenöl geben, salzen, pfeffern.
Im Backofen bei 200 Grad Hitze mindestens 45 Minuten braten. Herausnehmen, von den Fäden befreien und heiß servieren.

150 Einfache Rouladen *Involtini facili*

4 dünne Kalbsschnitzel, 100 g Fontina Schmelzkäse (oder Gouda), 4 Scheiben ungeräucherten Schinken (Parmaschinken z. B.), Salz, Pfeffer, Öl, Zahnstocher

Die Schnitzel halbieren. Auf jede Hälfte 1/2 Scheibe Schinken und ein Stückchen Käse legen. Zusammenrollen und mit einem Zahnstocher befestigen.
Die Rouladen in eine Pfanne mit wenig Öl legen, salzen, pfeffern. 4–5 Minuten anbraten, dann auf kleiner Flamme bei geschlossenem Deckel weiterdünsten. Even-

tuell ein wenig Weißwein angießen, damit das Fleisch nicht austrocknet oder gar anbrennt.
Kurz bevor man die Rouladen herausnimmt, auf jede ein Stückchen Käse legen, und die Pfanne wieder schließen. Sobald der Käse geschmolzen ist, servieren.
Ein schnelles Gericht, das köstlich schmeckt.

151 Fleischbällchen *Polpettine*

300 g Hackfleisch vom Rind, 1 Ei, 100 g Parmesan, Semmelbrösel, Petersilie, 2 Knoblauchzehen, Salz, Pfeffer, Öl zum Braten

Knoblauch und Petersilie feinhacken und unter das Ei schlagen. Das Fleisch und den Käse dazugeben. So viel Semmelbrösel daruntermischen, bis die Konsistenz stimmt.
Mit den Händen kleine ovale Bällchen formen. Das Öl in einer Pfanne erhitzen, die Bällchen rundherum anbraten, dann 10 Minuten auf mittlerer Flamme brutzeln.
Herausnehmen, gut abtropfen lassen. Auf eine Platte legen, mit Petersilie und Zitronenscheiben verzieren.
Dazu paßt Frühlingssalat (Nr. 203).

152 Grüne Sauce zu gemischtem Suppenfleisch *Salsa verde per accompagnamento al bollito misto*

1 Bund Petersilie, 1 Brötchen, 20 g Kapern, 1 Sardelle, 1/2 Zitrone, 1 Ei, 1 Knoblauchzehe, 2 Essiggürkchen, Salz, Pfeffer, Weinessig, Olivenöl

Das Brötchen zerbröckeln und in eine Tasse mit etwas Essig geben. Gut ausdrükken. Die Petersilie, den Knoblauch, die Sardellen, die Kapern feinhacken und mit dem Brot gut vermischen.
Das Ei hartkochen und mit den Essiggürkchen kleinhacken.
Alles miteinander verrühren, salzen, pfeffern, reichlich Olivenöl und den Zitronensaft darunterrühren.

153 Spinatrouladen *Involtini di spinaci*

4 Kalbsrouladen, 500 g Blattspinat, 1 dicke Scheibe rohen Schinken (70 g), 50 g geriebener Parmesan, etwas Milch, 1/2 Glas Weißwein, 1/2 Glas Fleischbrühe, Olivenöl, Butter, Salz, Pfeffer

Den Spinat gut waschen und in ganz wenig Salzwasser kochen. Abseihen, sorgfältig ausdrücken, kleinhacken.
In einer Pfanne mit Olivenöl, Butter und den Schinkenwürfeln gut vermischen und etwas durchziehen lassen. Den geriebenen Käse und die Milch hinzufügen, nochmals circa 10 Minuten dünsten.
Die Fleischscheiben ausbreiten, salzen, pfeffern, mit der Füllung belegen und einrollen. Mit Küchengarn befestigen. In der Spinatpfanne in Öl und Butter von allen Seiten anbraten. Mit dem Wein löschen, dünsten, öfter mit Fleischbrühe oder heißem Wasser besprengen: Garzeit: circa 90 Minuten.
Die Rouladen werden entweder im ganzen serviert oder in Scheibchen geschnitten auf einer Platte angerichtet und mit Sauce übergossen.

154 Hackbraten auf Florentiner Art *Polpettone alla fiorentina*

500 g Hackfleisch vom Rind, 50 g roher Schinken, 40 g Parmesankäse, 100 g Brotkrumen, 1 Glas Milch, 1 Ei, 100 g Semmelbrösel, 1 Karotte, Olivenöl, 1/2 Zwiebel, 1 Stange Bleichsellerie, 1/2 Bund Petersilie, 1 Glas Weißwein, 1 Prise Muskat, Pfeffer, Salz

Man kann unter diesen Hackbraten auch kleingehackte Suppenfleischreste mischen oder Suppenhuhn.
Das Brot in der Milch einweichen und gut ausdrücken. Mit dem Fleisch, dem gehackten Schinken, dem Parmesan und dem Ei gut vermengen, salzen, pfeffern und eine Prise Muskatnuß daruntermischen. Sobald die Masse homogen ist, einen ovalen Kloß daraus formen und in den Semmelbröseln wälzen.

Die Karotte, den Sellerie, die Zwiebel und die Petersilie kleinhacken und in einer Pfanne mit etwas Olivenöl andünsten.
Den Hackbraten in diesen gehackten Gewürzen von allen Seiten anbraten. Sobald er Farbe angenommen hat, den Weißwein darübergießen. Zugedeckt langsam 1 Stunde garen.
Heiß oder kalt servieren, in Scheiben geschnitten und mit der Sauce bedeckt.

155 Kutteln nach Florentiner Art
Trippa alla fiorentina

1 kg Kutteln, 50 g Butter, 2 EL passierte Tomaten, 1 Zwiebel, 1 EL Fleischextrakt, geriebener Parmesan, Salz, Pfeffer

Zarte, vorgekochte Kutteln in Streifen schneiden. Die Streifen sollten die Form großer Streichhölzer haben.
Die kleingehackte Zwiebel mit der Butter in eine Kasserolle geben und goldgelb dünsten. Die Kuttelstreifen hineingeben, dünsten, sorgfältig und oft umrühren, eventuell etwas Brühe angießen, damit sie nicht anbrennen.
Circa 1 Stunde dünsten, die Tomaten hinzufügen, mit einem Schöpflöffel Fleischbrühe löschen. Salzen, pfeffern. Bei schwacher Hitze mindestens eine halbe Stunde garen.
Mit geriebenem Käse bestreuen und heiß servieren. Dazu reicht man Weißbrot.

156 Kalbsnieren auf florentinische Art
Arnioni alla fiorentina

500 g Kalbsnieren, 50 g Butter, 1/2 Bund Petersilie, 2 EL Semmelbrösel, 1/2 Zitrone, Olivenöl, Salz, Pfeffer

Die Nieren enthäuten und zur Hälfte öffnen. Unter fließendem Wasser sorgfältig abwaschen, entfetten. (Die Nieren werden auf jeden Fall sauber, wenn man etwas

1857

Hähnchen mit Oliven
Pollo con le Olive

Essig unter das Wasser mischt.) In einer Kasserolle mit Butter 3–4 Minuten dünsten, abtropfen lassen.
Die gehackte Petersilie mit etwas Salz und Pfeffer zusammen mit den Nieren etwa 1 Stunde ruhen lassen, ab und zu wenden; sie sollen den Geschmack der Petersilie aufnehmen.
Die Nieren in Semmelbröseln wenden und in der inzwischen gut gesäuberten Kasserolle (oder auf dem Grill) mit etwas Olivenöl fertiggaren.
Mit Zitronensaft und einer Dekoration von Petersilienblättern servieren.

157 Kalbsgulasch mit Fenchel *Stufato di vitella con i finocchi*

1/2 kg Kalbfleisch, 1/2 kg Fenchel, Petersilie, 1 Stange Sellerie, 1 Karotte, 1 Scheibe Speck, Salz, Pfeffer, Butter, 1/2 EL Mehl, 5 EL Tomatensauce

Das Fleisch würfeln. Den Knoblauch mit dem Sellerie, der Karotte, der Petersilie kleinhacken und mit den Fleischwürfeln, dem kleingeschnittenen Speck und etwas Butter in einer Kasserolle aufsetzen.
Gut umrühren. Das Mehl hinzufügen, die Tomatensauce daruntermischen, salzen, pfeffern. Köcheln lassen. Wenn nötig, Wasser dazugeben.
Währenddessen die Fenchelknollen säubern und in ein wenig Salzwasser halbgar kochen. Abtropfen lassen, in Stücke schneiden und mit ein wenig Butter dem Fleisch beifügen.
Bedeckt fertiggaren.

158 Wachteln in Sauce *Quaglie in salsa*

8 Wachteln, 50 g gek. rohen Schinken, 8 Knoblauchzehen, 1 gr. Zwiebel, 2 Lorbeerblätter, 300 g geschälte Tomaten, 8 Salbeiblätter, Salz, Pfeffer, Olivenöl oder Butter, 1 Glas Weißwein

Die Wachteln vorbereiten: waschen, abtrocknen, salzen, pfeffern. In jede Wachtel 1 Lorbeerblatt und eine Knoblauchzehe stecken.
Die Vögel in einer großen Pfanne mit ein wenig Öl oder Butter anbraten. Wenn sie Farbe angenommen haben, mit dem Wein löschen, den kleingewürfelten Schinken und die kleingehackte Zwiebel dazugeben.
Noch ein wenig weiterbraten. Dann die Tomatenstückchen und den Lorbeer hinzufügen. Salzen und pfeffern. Bei mäßiger Hitze 20 bis 30 Minuten fertiggaren.

159 Perlhuhn *Faraona*

Im ARTUSI las ich, daß das Perlhuhn aus Numidien (Ägypten) stammt. Dort war es Symbol für Liebe und Treue zwischen Geschwistern. Eine Legende sagt, daß der Tod Meleagros, des Königs von Kaledonien, mit einer Tragödie endete. Dessen zwei liebende Schwestern beweinten ihn mit einer solchen Vehemenz, daß Diana die beiden in Perlhühner verwandelte. Man kann sich denken, welches Ende die Geschwister nahmen, wenn man überlegt, daß heute noch das Fleisch des Perlhuhns von jedem Feinschmecker als ganz besondere Delikatesse angesehen wird. Das Fleisch ist köstlich, würzig und schmeckt leicht nach Wild.
Aber die Perlhühner müssen nicht immer ein solches Schicksal erleiden. Eines Tages ging ich auf den Markt von Impruneta, um ein Perlhuhn zu kaufen. Es sollte im lärmenden Hühnerhof meines Landgutes mitgackern. Aber nun geschah es: Mein Federvieh wollte vom fremden Perlhuhn nichts wissen. Nach ein paar wilden Raufereien sahen wir uns leider gezwungen, das Perlhuhn vorzeitig ins Bratrohr zu schieben.
Und so taten wir es:

1 Perlhuhn, Butter, 5 Scheiben fetter Speck, Rosmarin, Knoblauch, Salz, Pfeffer, Olivenöl

Das Perlhuhn innen und außen mit Butter und Salz einreiben, mit Rosmarin und Knoblauch füllen. Mit dem Speck spicken, pfeffern. In eine geölte Bratreine legen, in das Bratrohr schieben und bei 200 Grad Hitze zwischen 45 und 60 Minuten garen.

Vorsicht! Nicht austrocknen lassen!
Mit Bratkartoffeln und/oder im Rohr gebratenen Zwiebelchen servieren.

160 Ragout *Cibreo*

Das Cibreo ist ein ganz besonders delikates Gericht. Es zeigt, wie aus den einfachsten Zutaten eine Köstlichkeit zubereitet werden kann, wenn ein gesamtes einfallsreiches Volk – wie das toskanische – gerne gut kocht.
In unserer Konsum- und Wegwerfgesellschaft sind die Zutaten des *Cibreo* quasi unauffindbar geworden. Sie sind allzu simpel und deshalb selten.
Trotzdem: hier das Rezept:

400 g Hühnerlebern, 400 g Hühnerkämme und Keimdrüsen vom Hahn, 100 g Butter, 4 Eigelb, 1 EL Mehl, 1 Zitrone, 2 Tassen Fleischbrühe, Salz, Pfeffer

Die Kämme kochen und die Haut abziehen. Jeden Kamm in drei Teile schneiden.
In einer Pfanne die Butter schmelzen lassen, zuerst die Kämme, dann die gewaschenen und halbierten Lebern zugeben, dann die Keimdrüsen hinzufügen, und alles zusammen langsam garen. Wenn nötig, mit der Fleischbrühe feuchthalten.
Salzen und pfeffern.
Die Eigelb mit dem Mehl, dem Zitronensaft und 1/2 Tasse kochender Brühe verquirlen.
Die Sauce zu den fertigen Innereien gießen und noch einmal 20 Minuten lang dünsten; wieder Brühe dazugeben, wenn es nötig sein sollte.
Das Ganze muß cremig und von einem hellen Haselnußbraun sein.

161 Huhn in Eiersauce *Pollo in salsa d'uovo*

1 Huhn, 50 g Butter, 1 TL Mehl, 1 Eigelb, 1/2 Zitrone, 4 Blätter Salbei, 2 Knoblauchzehen, Salz, Pfeffer, 1 Tasse Fleischbrühe

Das zerstückelte Huhn in der Butter mit dem Salbei und dem ganzen Knoblauch, Salz und Pfeffer anbraten. Sobald es Farbe angenommen hat, mit dem Mehl bestäuben und mit der Fleischbrühe garen.
Die Hühnerstückchen herausnehmen und in einer vorgewärmten Schüssel bereitstellen.
Das Eigelb mit dem Zitronensaft verquirlen und in diesen Hühnersaft geben: so lange rühren, bis eine cremige Sauce entstanden ist.
Über das Hühnerfrikassee gießen und sofort servieren.

162 Hühnerleber mit Bleichsellerie und Zwiebeln *Fegatini di pollo al sedano e cipolla*

500 g Hühnerlebern, 2 Stangen Bleichsellerie, 1/2 Zwiebel, 3 Scheiben roher Schinken, 100 g Butter, Salz, Pfeffer, Fleischbrühe

Die Selleriestangen in sprudelndem Salzwasser zu zwei Dritteln kochen, herausnehmen.
In einer Pfanne die kleingehackte Zwiebel mit der Hälfte der Butter andünsten und den kleingewürfelten Schinken hinzufügen. Sobald er schön durchgebraten ist, die sorgfältig gereinigten und halbierten Hühnerlebern dazugeben. Salzen und pfeffern. Weiterdünsten, mit Fleischbrühe oder Weißwein feuchthalten.
Die inzwischen abgetropften Selleriestangen in fingerdicke Stücke schneiden und in einer Kasserolle mit dem Rest der Butter dünsten. Sobald der Sellerie gar ist, die Lebern dazugeben und weiterdünsten. Ab und zu Fleischbrühe oder Weißwein drüberträufeln!
Fertig garen und heiß servieren.

163 Gebratener Truthahn *Tacchino al forno*

2 Oberkeulen Truthahn, 4 Knoblauchzehen, 2 Zweiglein Rosmarin, 6 Blätter Salbei, Salz, Pfeffer, Olivenöl

Die Oberschenkel des Truthahns entbeinen. Auf die hautlose Seite Knoblauch, Rosmarin, Salbei, Salz und Pfeffer verteilen. Die Schenkel schließen, zudrücken und mit Küchengarn zubinden.
In eine Bratreine mit Olivenöl legen. Im Backofen bei 200 Grad Hitze ungefähr 1 Stunde lang braten. Wenn nötig, ab und zu wenden.
Wenn das Fleisch gar ist, den Backofen ausschalten und die richtige Temperatur abwarten, bei der es serviert werden kann.
Am besten schmeckt dieser Truthahn mit Kartoffeln, gedünsteten Zwiebelchen und Frühlingssalat.

164 Carpaccio des Ciampi von San Casciano
Carpaccio del Ciampi di San Casciano

Dieses Gericht ist eine ganz besondere Delikatesse, die man am besten im Sommer serviert oder gegen Sommerende, wenn die herrlichen Steinpilze aus unseren Wäldern auf den Markt kommen.

500 g zartes Rinderfilet, 200 g Steinpilze, 150 g Parmesankäse am Stück (etwas gelagert), 2 Zitronen, Olivenöl, Salz, Pfeffer, Petersilie

Das Rinderfilet so lange in das Tiefkühlfach legen, bis es beginnt zu erhärten.
Herausnehmen, in ganz feine Scheibchen schneiden. Am besten geht es mit der Schneidemaschine.
Die Pilze reinigen, gut abbrausen und ebenfalls in feine Scheiben schneiden, desgleichen den Parmesankäse.
Auf einer flachen Schüssel eine Schicht Fleisch ausbreiten, mit Zitronensaft, Olivenöl, Salz und Pfeffer würzen. Darüber die Steinpilzscheibchen geben, dann eine Schicht Parmesanscheibchen ausbreiten.
Auf die gleiche Weise weiterverfahren, bis Fleisch, Pilze und Käse aufgebraucht sind.
Zum Schluß noch einmal salzen, pfeffern und mit Petersilienblättchen verzieren.

165 Hühnerleber mit Knoblauch

Fegatini di pollo all'aglio

500 g Hühnerlebern, 4 Knoblauchzehen, 1 Bund Petersilie, Olivenöl, Butter, 1 Tasse Fleischbrühe, 1 EL Mehl

Die Hühnerlebern gut säubern, waschen und halbieren.
Den Knoblauch mit der Petersilie kleinhacken und in Olivenöl andünsten.
Die Lebern hinzufügen und langsam dünsten lassen. Salzen, pfeffern und circa ½ Stunde köcheln lassen. Mit der Fleischbrühe feuchthalten.
Zum Schluß eine nußgroßes Stück Butter dazugeben und das Mehl unterrühren. Fleißig weiterrühren.
Heiß zu Tisch tragen.
Man kann dieses Gericht als Imbiß oder aber auch als »Intermezzo« anbieten.

166 Pinienkernsauce *Salsa di pinoli*

100 g Pinienkerne, 2 Anchovisfilets, 1 Stückchen Brotkrume, ½ Zitrone, ½ EL Zukker, Essig, Olivenöl, Salz, Pfeffer

Die Pinienkerne und die Anchovisfilets im Mörser fein zerdrücken, mit dem Zukker, ein wenig Salz und Pfeffer und der leicht in Essig getauchten Brotkrume sorgfältig vermengen. So lange rühren, bis eine Paste entsteht. Ein halbes Glas Olivenöl daruntermischen. Zum Schluß den Zitronensaft hinzufügen.
Schmeckt köstlich zu gekochtem Fleisch.

167 Thunfischsauce *Salsa tonnata*

80 g Thunfisch aus der Dose, 50 g Kapern, 1 Anchovisfilet, 3 hartgekochte Eigelb, ½ kl. Bund Petersilie, 1 Zitrone, 1 Prise Salz, ½ Glas Olivenöl, Pfeffer

Den Thunfisch mit den Kapern, dem Anchovisfilet und der Petersilie feinhacken. Die Eigelb mit etwas Olivenöl zerdrücken und zu einer feinen Creme verrühren. Um sie noch feiner zu bekommen, kann man sie in einen Mixer geben. Zum Schluß den Zitronensaft und den Rest des Olivenöls daruntermischen, pfeffern und, wenn nötig, eine Prise Salz beifügen.
Die Sauce wird zu kaltem, gekochtem, gebratenem und gegrilltem Fleisch gereicht.

168 Tomatensauce *Salsa di pomodoro*

Diese Sauce wird im Sommer zubereitet, wenn die Tomaten schön reif sind. Im Eisschrank bleibt sie eine ganze Woche frisch. Man kann sie unter Teigwaren mischen oder für andere Rezepte benutzen, in denen passierte Tomaten gebraucht werden.

1 kg reife Tomaten, 2 Karotten, 1 Stange Bleichsellerie, 1 Zwiebel, 1 Prise Zucker, 1 Bund Petersilie, 4 Knoblauchzehen, frisches Basilikum, Olivenöl, Salz, Pfeffer

Die Tomaten zerstückeln, die Karotte, den Sellerie, den Knoblauch, die Petersilie, die Zwiebel grob zerkleinern, in eine Kasserolle geben, salzen. Zugedeckt 2 Stunden kochen lassen, wenn nötig heißes Wasser zufügen.
Das Gemüse durch ein Passiergerät streichen, Olivenöl und Basilikum hinzufügen. Auf das Feuer zurückstellen und so lange köcheln lassen, bis die Sauce die richtige Konsistenz hat.

169 Fleischsauce toskanisch *Ragu' alla toscana*

Mein Ratschlag: Legen Sie sich keine Hemmungen auf. Diese Sauce lebt nämlich hauptsächlich von Resten und von Mischungen.

1/2 Zwiebel, 1 Karotte, 1/2 Bund Petersilie, 1 Stange Bleichsellerie, 2 Knoblauchzehen, 1/2 Peperoncino, 1/2 dicke Scheibe durchwachsener, nicht geräucherter Speck, 150 g Rinderhackfleisch, 2–3 Hühnerlebern, wenn Fleischreste da sind, hacken und mitverwenden, Salz, Butter oder Öl, 400 g geschälte oder passierte Tomaten, 1 Lorbeerblatt, Thymian

Zunächst die Zwiebelringe mit dem kleingeschnittenen Speck in etwas Öl oder Butter andünsten. Die Karotte, den Sellerie, den Knoblauch, die Petersilie und den Peperoncino feinhacken und hinzufügen. Eine Weile zusammen dünsten. Das Hackfleisch, die kleingehackten Fleischreste und die ganzen Hühnerlebern dazugeben. Sobald das Fleisch gar ist (immer löffelweise heißes Wasser oder Brühe dazugießen), die Tomaten und das Salz daruntermischen. Nach der halben Garzeit die Hühnerlebern herausnehmen und kleinhacken, wieder unter die Sauce mischen. Circa 4 Stunden kochen lassen. Immer wieder mit heißem Wasser verdünnen. Zum Schluß das Lorbeerblatt und den Thymian kurz mitkochen.

Die doppelten Rezepte

Hier können Sie zwei Gerichte in ein und demselben Topf zubereiten. Diese Gänge werden hintereinander serviert, und dazwischen liegt eine Pause zum »Verschnaufen«.
Es sind toskanische Spezialitäten. Für die Hausfrau besitzen sie nur Vorteile. Man spart dabei Zeit und Geld. Mit denselben Zutaten kocht man eine vollständige, köstliche Mahlzeit. Erster und zweiter Gang harmonieren miteinander. So soll es auch bleiben, nichts darf mehr verändert werden.
Die Pasta wird durch eine außergewöhnliche Fleischsauce geadelt, dem Fleisch wird eine allzu üppige Sauce entzogen, die nur zum Kochen nötig war.
Die Pappardelle mit Hasenbraten und das Kaninchen mit Tagliatelle gehören zu den Lieblingsgerichten des Toskaners.
Aber wir haben Ihnen noch andere schöne Dinge aufgeschrieben. Versuchen Sie's!

170 Artischocken-Rouladen (und Penne)
Involtini di carciofi (con penne)

4 Rouladen, 2 kleine Artischocken, 4 Scheiben Mortadella, 1 Stange Bleichsellerie, 1 Karotte, 300 g passierte oder geschälte Tomaten, 400 g Penne, 30 g Parmesan, 1/2 Bund Petersilie, 1/2 Zwiebel, 1 Knoblauchzehe, Olivenöl, Salz, 1/2 Peperoncino

Die Artischocken von den harten Blättern befreien, Stiele und Spitzen abschneiden. In Viertel schneiden.
Die Mortadellascheiben auf die Rouladen legen. Während des Aufrollens zuerst eines, dann ein zweites Artischockenviertel mit einwickeln, dabei innen und außen salzen. Die Rouladen mit Küchengarn festbinden.
Die Petersilie mit der Zwiebel, dem Knoblauch, der Selleriestange und der Karotte kleinhacken und in einer Kasserolle andünsten. Die Rouladen darüberlegen. Kaum haben sie Farbe angenommen, die passierten Tomaten hinzufügen.
Eine Stunde garen.
Das Fleisch von dem Garn befreien, in Scheibchen aufschneiden und mit einem Teil der Sauce auf einer flachen Platte servieren.
Die Penne in 4 Liter sprudelndem, gesalzenem Wasser al dente kochen, abseihen.
Die Sauce mit dem Parmesan daruntermischen.
Eine Vorspeise, die nicht zum Sattessen gedacht ist.

171 Fleisch in Tomatensauce (und Spaghetti)
Carne alla pizzaiola (con spaghetti)

4 Scheiben Rind- oder Kalbfleisch, 300 g geschälte oder 500 g frische reife Tomaten, 1/2 Zwiebel, 1/2 Peperoncino, 1 Karotte, 400 g Spaghetti, 4 Blätter Basilikum, Olivenöl, Salz, 1 Prise Oregano

Die Tomaten in wenig Öl dünsten. Die Zwiebelringe, die in Scheiben geschnittene Karotte, den zerkleinerten Knoblauch, den Oregano, den Peperoncino und das Salz dazugeben, eine Stunde zugedeckt schmoren und dabei mit etwas heißem Wasser vor dem Austrocknen bewahren.
Die Fleischscheiben in einer Pfanne mit ein wenig Öl Farbe nehmen lassen. Die Sauce hinzufügen, und zusammen bedeckt köcheln. Die Garzeit variiert je nach Qualität des Fleisches.
Die Spaghetti in dem gesalzenen Wasser al dente kochen, abseihen. Einen Teil der Sauce daruntermischen. Den geriebenen Käse dazu servieren.
Als zweiten Gang reichen Sie das Fleisch mit der übrigen Sauce.

172 Gedünstete Ente mit Pappardelle
Anatra al sugo con le pappardelle

1 Ente, 50 g Pappardelle pro Person, 1/2 Zwiebel, 1 Stange Bleichsellerie, 1 Karotte, 200 g passierte Tomaten, 1 dicke Scheibe magerer Schinken, 1 Bund Petersilie, Öl, Salz, Pfeffer, 100 g geriebener Parmesan

Das Fett von der Ente abschneiden, den Vogel waschen, abtrocknen und in Stücke teilen.
Den Schinken würfeln, die Petersilie, die Karotte, den Sellerie und die Zwiebel kleinhacken. Alles zusammen in einer Kasserolle mit etwas Öl andünsten.
Die Entenstücke hinzufügen, salzen, pfeffern. Sobald sie Farbe angenommen haben, die Tomaten beifügen, köcheln lassen, ab und zu Wasser zugießen.
Das überschüssige Fett mit einem Löffel abschöpfen.
Die Pappardelle in reichlich sprudelndem Salzwasser kochen. Abseihen. Die Sauce daruntermischen. Heiß servieren, geriebenen Parmesan dazu reichen.
Zweiter Gang: Die Entenstücke auf einer vorgewärmten Platte servieren. Als Beilage empfiehlt sich dazu Mangold oder Spinat, der in der Entensauce geschwenkt wurde.

173 Kaninchen mit Tagliatelle
Coniglio con le tagliatelle

Für 6–7 Personen

1 Kaninchen mit der Leber, 500 g geschälte Tomaten, 1 Karotte, 1 Zwiebel, 1 Stange Bleichsellerie, 1 Bund Petersilie, 1 kg Blattspinat, 2 Knoblauchzehen, 1/2 Glas Rotwein, 1 Peperoncino, Salz, Olivenöl, 100 g Tagliatelle pro Person, 100 g Parmesan

Die Karotte, den Sellerie, die Petersilie, die Zwiebel und den Knoblauch feinhacken. In einer großen, breiten Kasserolle zusammen mit dem Peperoncino in ein wenig Olivenöl andünsten.

Das Kaninchen in mehrere Stücke teilen, waschen, abtrocknen und mit der ganzen Kaninchenleber hineingeben. Mindestens 20 Minuten schmoren lassen, wenn nötig mit Rotwein löschen. Farbe nehmen lassen. Salzen. Die Tomatenstücke beifügen, auf kleiner Flamme 2 Stunden schmoren. Nach der halben Garzeit die Leber herausnehmen, kleinhacken, in die Kasserolle zurückgeben.
Die Tagliatelle in sprudelndem Salzwasser kochen, abseihen. In einer Suppenschüssel mit reichlich Kaninchensauce vermischen und mit geriebenem Käse servieren.
Das Kaninchen wird als zweiter Gang gereicht. Köstlich schmeckt dazu gekochter Blattspinat, der zuvor in der Kasserolle mit dem Saucenrest vermengt wurde.

174 Pappardelle mit Hasenbraten

Pappardelle alla lepre

Für 5–6 Personen

500 g Hase, 50 g Schinken, 1/2 Zwiebel, 1 Karotte, 1 Stange Bleichsellerie, ein wenig Petersilie, Fleischbrühe, 350 g geschälte Tomaten, Salz, Pfeffer, Olivenöl, Butter, einige Wacholderbeeren, 100 g geriebener Parmesan, 1 Lorbeerblatt

Die Petersilie, die Karotte, die Zwiebel, den Bleichsellerie feinhacken und in einer breiten Kasserolle mit dem gewürfelten Schinken in wenig Olivenöl und Butter andünsten. Den in mehrere Stücke zerteilten, gewaschenen und gut abgetrockneten Hasen hineingeben. Salzen, pfeffern, die Wacholderbeeren dazugeben. Sobald das Fleisch Farbe angenommen hat, die zerkleinerten Tomaten hinzufügen. Lange zugedeckt schmoren lassen, ab und zu mit Fleischbrühe löschen. Die Sauce soll etwas flüssig sein.
Die Pappardelle: Man findet sie im Handel. Wir brauchen heute 500–600 g.
Die Selbstgemachten: 500 g Mehl, 5 Eier, Salz
Das Mehl auf einem Holzbrett zu einem ringförmigen Brunnen aufschichten, in die Mitte die Eier geben. Langsam vermischen, salzen, zu einem Teig verkneten, eine

Kugel formen. Etwas ruhen lassen. Zu einer Höhe von ca. 1 mm ausrollen. In lange, 3 cm breite Streifen schneiden.
Die Pappardelle in reichlich sprudelndes Salzwasser circa 7–10 Minuten kochen. Wenn man sicher sein will, daß sie nicht zusammenkleben, ein Löffelchen Öl beifügen. Abseihen. Die Hasensauce unter die Nudeln mischen, eventuell ein Stückchen Fleisch darin zerdrücken, um den Geschmack zu verstärken. Heiß servieren, geriebenen Parmesan dazu reichen.

Der Grill

Um die folgenden Rezepte verwirklichen zu können, braucht man natürlich einen Grill. Die Glücklichen, die zu Hause einen Kamin besitzen, werden an jedem Tag des Jahres grillen können. Die anderen müssen bis zum Sommer warten, auf die schönen warmen Tage, an denen man dann endlich Freunde zum Grillen einladen kann. Der eigentliche Spaß am Grillen besteht darin, daß alle mitmachen können und zu regelrechten Mitarbeitern werden, von denen es jeder einzelne immer besser weiß als der Nachbar. Jeder bringt seine Erfahrungen mit und will sie auch anbringen.

Lassen Sie sie sich ruhig zanken. Aber verlieren Sie keine Gelegenheit zu grillen. Spielend können Sie eine vollkommene Mahlzeit zubereiten, mit Vorspeise, Fleisch und Gemüsen, und wenn Kastanienzeit ist, kann man sich sogar ein Dessert brutzeln.

175 Auberginen vom Rost *Melanzane in gratella*

2 mittelgroße Auberginen, 1 Bund Petersilie, 4 Knoblauchzehen, 1/2 Peperoncino, 1/2 Glas Olivenöl, Salz

Die Auberginen in 1 cm dicke Scheiben schneiden, auf eine vorgeheizte Grillpfanne legen. 5 Minuten grillen.

Die Petersilie mit dem Knoblauch und dem Peperoncino kleinhacken.

Die Auberginenscheiben in einer leicht vertieften Platte in Schichten übereinander anrichten, dabei jede Schicht mit den gehackten Gewürzen und Salz bestreuen.

Darüber das Olivenöl gießen.

Mit Petersilienblättchen dekorieren.

176 Florentiner T-Bone-Steak *Bistecca alla florentina*

1 T-Bone-Steak vom Kalb o. Rind pro Person, Öl, Salz, Pfeffer, 1 Zitronenstück pro Person

Eine Grillpfanne sehr stark erhitzen, das Fleisch hineinlegen. Öfters umdrehen. Eine »Bistecca« muß außen kroß sein, innen aber »al sangue«, das heißt fast roh bleiben.
Auf eine Platte legen, salzen, pfeffern und einen dünnen Strahl Olivenöl darübergeben. Dazu ein Zitronenstück servieren.
Am allerbesten schmeckt die Bistecca vom Holzkohlengrill.

177 Fisch aus der Grillpfanne *Pesce in gratella*

Viele Fischarten, auf der Grillpfanne zubereitet, ergeben ein köstliches Gericht. Dies ist ein Rezept für magere Meeresfische.

4 mittelgroße Goldbrassen, 2 Zweiglein Rosmarin, Salz, Pfeffer, Olivenöl, 1 Zitrone

Den Fisch säubern. Darauf achten, daß die Bauchseite nicht allzusehr geöffnet wird. Waschen, abtrocknen. Auf einer Platte in Olivenöl, Salz, Pfeffer, dem Saft einer halben Zitrone und dem Rosmarin 15 Minuten marinieren.
Eine doppelte, heiße Grillpfanne aufklappen, die Fische hineinlegen, wieder schließen. Auf das Feuer stellen. Die Pfanne des öfteren umdrehen.
Die Fische mit Zitronenscheiben garnieren und heiß servieren.

178 Kaninchen vom Grill *Coniglio alla brace*

1 Kaninchen, 3 Zweiglein Rosmarin, 3 Knoblauchzehen, Salz, Pfeffer, Olivenöl, Zitrone

Das Kaninchen waschen, gut abtrocknen. Mit einem Holzhammer flachklopfen, damit es sich besser der Form des Grills anpaßt. Auf eine Platte legen, mit Salz, Pfeffer, Rosmarin und den ganzen Knoblauchzehen würzen. Die Gewürze circa 10 Minuten einziehen lassen.
Auf den heißen Grill legen und mindestens eine Stunde braten lassen. Immer wieder wenden, dabei mit einem in Olivenöl getauchten Rosmarinzweiglein darüberstreichen.
Tranchieren, mit Zitronenscheiben garnieren und heiß servieren.

179 Pilze vom Grill (von der Grillpfanne)

Funghi alla griglia

Steinpilze sind natürlich die Könige der Pilze, aber zum Grillen kann man auch jeden anderen großen Pilz nehmen.

Pilzköpfe (Kappen), Salz, Pfeffer, Olivenöl

Die Pilze in Salzwasser legen, energisch durchrühren, abbrausen und sorgfältig abtrocknen. In einer Schüssel mit Olivenöl, Salz und Pfeffer würzen. Die Schüssel beiseitestellen.
Auf dem heißen Grill (oder auf der Grillpfanne) braten. Sie sind schnell gar.
Die Pilze in die Marinade zurücklegen und darin servieren.

180 Geröstete Kastanien *Le bruciate*

In Italien benutzt man für dieses Gericht eine schwere Eisenpfanne, die im Boden erbsengroße Löcher hat, durch die die Schale direkt mit dem Feuer in Kontakt kommt.

Kastanien, Rotwein

Die Kastanien ½ Stunde in Rotwein einlegen.
Herausnehmen, abtrocknen und eine ziemlich große Kerbe in die Schale schneiden. In der Pfanne auf das Feuer stellen. Öfters schütteln und rühren, bis die Früchte gar sind. Die Schale muß fast schwarz sein.
Die Kastanien in ein Wolltuch einschlagen und 5 Minuten in der Wärme ziehen lassen.
In einem Körbchen servieren; darauf achten, daß sie heiß bleiben.

181 Geröstete Brotscheibe mit neuem Olivenöl *Fettunta*

Scheiben von dunklem, toskanischem Brot, Olivenöl, Salz, Knoblauch

Die Brotscheiben auf dem Grill rösten.
Den Knoblauch in die obere Brotfläche hineinreiben. Salzen und mit frischem Öl aus der Presse beträufeln.

182 Geröstete Paprikaschoten *Peperoni sulla brace*

Für 5 Personen

3 große Paprikaschoten verschiedener Farbe, 1 Bund Petersilie, 5 Knoblauchzehen, ½ Glas Olivenöl, Salz

Die Paprikaschoten über dem Feuer so lange anbraten, bis die äußere Haut schwarz geworden ist. Vom Feuer herunternehmen, und diese Haut abschälen.
Die Schoten in dünne Streifen schneiden und in einen tiefen Teller legen.
Die Petersilie mit dem Knoblauch feinhacken, über die Schotenstreifen streuen und alles mit dem Olivenöl vermischen. Salzen.
Man serviert dieses Gericht als Beilage zu Fleisch. An einem kühlen Ort – nur nicht im Eisschrank – hält es sich mehrere Tage frisch.

Toskanischer Wildkräutersalat
Erbette di Campo

183 Tomaten vom Grill *Pomodori sulla brace*

8 reife Tomaten, 1 Bund Petersilie, Salz, Pfeffer, Olivenöl

Die Tomaten halbieren, einen Teil der Kerne entfernen, die Fruchthälften leicht ausdrücken, damit der Saft abfließen kann. Mit der gehackten Petersilie, Salz und Pfeffer würzen.
Die Tomaten nun auf den heißen Grill legen. Während der Garzeit nicht mehr berühren. Wenn die Haut welk ist, herunternehmen.
Mit Olivenöl besprengen und als Beilage zu Fleisch servieren.

184 Seezunge vom Grill *Sogliole in gratella*

4 Seezungen, 100 g Semmelbrösel, Salz, Pfeffer, Olivenöl

Den gehäuteten Fisch waschen, gut abtrocknen, mit Öl, Salz und Pfeffer einreiben und in den Semmelbröseln wenden.
In einer doppelten Grillpfanne die Fische anordnen, die Pfanne schließen, und die Seezungen garen. Öfters wenden, dabei mit Olivenöl bestreichen.
Heiß servieren.

185 Riesenscampi vom Grill *Gamberoni alla griglia*

8 Scampi (oder mehr, je nach Größe), 5 Knoblauchzehen, 1 Bund Petersilie, Salz, Pfeffer, Olivenöl, Zitrone

Den Knoblauch mit der Petersilie kleinhacken, in eine Schüssel geben.
Die Scampi schälen, waschen, in die Schüssel mit dem Knoblauch und der Petersilie legen, mit Olivenöl, Salz und Pfeffer würzen und eine halbe Stunde darin marinieren, damit der Geschmack der Gewürze die Schalentiere durchdringt.
Die Scampi auf Spieße stecken und auf dem heißen Grill (oder auf der Grillpfanne) anordnen. Mehrmals wenden, mit der restlichen Marinade bestreichen.
Mit Zitronenscheiben garnieren und heiß servieren.

186 Schweinerippchen vom Grill

Rostinciana alla brace

1 kg Schweinerippchen am Stück, 2 Knoblauchzehen, 2 Rosmarinzweiglein, Salz, Pfeffer, Olivenöl

Dazu braucht man magere Schweinerippchen. Die Knochen ein- bis zweimal einkerben, damit die Rippchen flach werden.
Auf den heißen Grill legen und 30–35 Minuten garen, dabei öfter wenden.
Auf einer Platte den Rosmarin und die ganzen Knoblauchzehen verteilen, die Fleischstücke darüber anordnen, salzen, pfeffern und mit Olivenöl beträufeln.
Heiß servieren.

187 Schweineleber vom Spieß

Fegatelli di maiale allo spiedino

600 g Schweineleber, 200 g Schweinsnetz, 1 Knoblauchzehe, 4 Salbeiblätter, Dillsamen, 1 EL Semmelbrösel, 1 Lorbeerblatt, geröstete Brotscheiben, Olivenöl, Salz, Pfeffer, 4 Spießchen

Knoblauch, Salbei und Lorbeer zerkleinern, in einem Teller mit den Semmelbröseln und dem Dill vermengen, salzen und pfeffern.
Die Schweineleber in Würfel schneiden (es sollten 16 Stück sein) und in der Gewürzmischung wenden; in die in 16 gleiche Teile geschnittenen Netze einrollen.
Die Würfel werden – abwechselnd mit gerösteten Brotscheibchen und Lorbeerblättern – auf die Spieße gesteckt.
Im Backofen oder auf dem Grill rösten.

188 Teufelshähnchen *Pollo alla diavola*

1 Hähnchen, 2 TL Cayennepfeffer, Salz, Olivenöl

Das Brustbein des Hähnchens durchschneiden. Ganz aufklappen, und das Hähnchen mit einem stumpfen Gegenstand (z. B. einem Holzhammer) flachklopfen.
Salzen, pfeffern.
Mit Olivenöl bepinseln und auf den heißen Holzkohlengrill legen.
Öfters wenden, gut durchbraten.

189 Toskanische Würstchen vom Grill

Salsiccie alla brace

Toskanische Würste in beliebiger Menge, Salz

Die Würste mit einer Gabel mehrmals einstechen und auf den heißen Grill legen. Öfters wenden und so lange braten, bis das Fett ausgeflossen ist. Sie müssen knakkig sein.
Sehr heiß mit wenig Salz servieren.
Schmecken vorzüglich zu weißen Bohnen in Olivenöl und zu fritierter Polenta.

Gemüse

Bei fast jedem toskanischen Haus gibt es einen Gemüsegarten, und jeder Toskaner träumt von einem eigenen Gemüsegarten. Auch die toskanischen Märchen spielen oft in einem Gemüsegarten. Kurz gesagt, man kann die Kreativität des toskanischen Volkes an jenen kleinen bunten Gärtchen sehen, die überall angelegt sind.
Hier stehen die dunklen Blätter des schwarzen Kohls, dort die graugrünen der Artischocken, in der Mitte ein kleiner Rasen mit Petersilie. Da wo die Erde nach langer Mühe etwas weicher geworden ist, wachsen die Karotten. Es ist nicht wichtig, daß viel wächst, wichtig ist nur, daß von allem ein wenig da ist. Links, der Mauer entlang, sprießt der Rosmarin. Daneben steht ein Lorbeerbaum. Über den ganzen Garten verteilt wachsen Paprika, grüne Bohnen, Erbsen, je nach Jahreszeit. Im Winter reift der Fenchel. Strengt man sich ein wenig an, entdeckt man links und rechts in den grünen Wiesen rote und grüne Pflanzen, die aus dem Gras blinzeln. Es ist der grüne und der rote Radicchio. Dazwischen entfaltet sich das Salbeibüschchen. Das Basilikum gedeiht im Sommer und wird fast zu einem kleinen Bäumchen.
So ein kleiner Garten wird mit großer Aufmerksamkeit und Liebe behandelt, jeden Tag gepflegt. Das kostbare Wasser wird in großen Tongefäßen aufgefangen, in die alle nur erdenklichen Regenrinnen münden. Sparen für die schlechte, die dürre Zeit.
Gegen Sommerende liegen und hängen zwischen den Pflanzen Auberginen und Paprikaschoten in allen Farben. Alles ist ein wenig klein geraten, wegen der Wasserknappheit, aber man weiß, daß dafür der Geschmack um so intensiver ist.
Im Frühjahr ersteht man die Tomatenpflänzlein. Sie werden mit Leidenschaft hochgepäppelt. Sie werden begossen, auf lange Bambusstangen gezogen. Man wartet darauf, daß sie blühen und letztendlich Früchte tragen. Dann läßt man sie in Ruhe. Die Tomaten sollen in der Sonne reifen und in der trockenen Sommerhitze den größtmöglichen Geschmack entwickeln. Und wenn sie dann gepflückt werden, duften sie, wie es sich gehört.
Die Leidenschaft des Toskaners für den Gemüsegarten entspringt der Überzeu-

gung, daß kein Gericht schmackhaft werden kann, wenn Gemüse fehlt. In der toskanischen Küche haben Fleisch und Gemüse den gleichen Wert, und wenn die Toskaner einen Teil davon aufgeben müßten, so wäre es sicher niemals das Gemüse. Heute kann man fast überall jedes Gemüse kaufen, deshalb sind unsere Rezepte jederzeit durchführbar.

Toskanische Weisen nach Texten aus dem Volk

Ferdinand Gregorovius (April 1863)

Diese Feldblumen

Wir sind Kinder der Sekunde
und vergehen bald;
Über Woche nicht und Stunde
Haben wir Gewalt.

Holde Geister sind wir jener
Freude, die erblüht,
Als die längsten Freuden schöner,
Wandernd im Gemüt.

In des Lebens Pilgertume,
Seinem Leid und Glück,
Ist ja auch die schönste Blume
Nur der Augenblick.

*

Will dich lehren ...

Will dich lehren was von Liebe,
Stehe auf am Morgen früh,
Eine Lilie aus dem Garten
Von dem Stengel breche sie.

Setz' an's Feuer sie ein Stündchen,
Laß sie länger kochen nicht;
Und dann wasche mit den Händen
Dir dein liebes Angesicht.

190 Toskanischer Wildkräutersalat *Erbette di campo*

350 g wildwachsender Blattsalat, 1 kl. Zwiebel, 3 EL Weinessig, Salz, Olivenöl, 1 Zehe Knoblauch, 1 hartgekochtes Ei, 10 schwarze kernlose Oliven

Die diversen Salatblättchen putzen, gut waschen und trocken ausschleudern. Größere Blätter einmal durchschneiden. Die Zwiebel schälen und feinhacken.
Salate und Zwiebel in einer großen Schüssel vermischen und auf eine große flache Schale legen.
Die Sauce verrühren und den geschälten Knoblauch kleinhacken, daruntermischen. Mit einem Eßlöffel sorgfältig über dem Salat verteilen. Das Ei pellen und grob hacken, zusammen mit den Oliven über den Salat verteilen.

191 Kleine Artischocken in Öl *Carciofini sott'olio*

Sollten Sie Ende Mai in der Toskana sein, nämlich genau dann, wenn die Artischokken ihre ersten Früchte tragen, dürfte es für Sie nicht schwierig sein, 1 oder 2 kg davon mit nach Hause zu nehmen. Mit diesen jungen Früchten bereiten Sie sich die »Carciofini sott'olio« zu, die so köstlich zu gesottenem Fleisch schmecken.

1 kg junge Artischocken, 1 Liter weißer Weinessig, Olivenöl, Salz, Pfefferkörner, schwarz, 1 Tasse Wasser

Die Artischocken von den harten Außenblättern und den Spitzen befreien, gut säubern und in Essig mit einem Wasserzusatz richtig weich kochen (30–40 Minuten etwa).
Abseihen und auf einem Küchentuch mit den Köpfchen nach unten in die Sonne zum Trocknen legen. Mindestens einen ganzen Tag müssen sie so trocknen.
Die gut getrockneten Köpfchen in einem Glasbehälter übereinanderschichten, dazwischen schwarze Pfefferkörner streuen. Zum Schluß Olivenöl darübergießen.
Hermetisch verschließen ...
... und auf den Winter warten ...

192 Artischocken in der Kasserolle

Carciofi al tegame

4 nicht zu große Artischocken, 1 Glas Wasser, 4 Knoblauchzehen, Olivenöl, Salz, Pfeffer

Die Artischocken von den harten äußeren Blättern und den Spitzen befreien, vierteln. Die Stengel nicht wegwerfen; nur die äußere faserige Schicht abziehen.
In einer Kasserolle die Artischockenviertel und die Stengel mit Olivenöl, dem Knoblauch, Salz und Pfeffer andünsten. Das Wasser darübergießen und langsam weiterdünsten.
Man ißt sie mit ihrem Saft, in den man Weißbrotstückchen taucht.
Man kann sie aber auch als Beilage zu gebratenem Rindfleisch servieren.

193 Artischocken mit Gemüse gefüllt *Carciofi ripieni di verdura*

4 Artischocken, 1 Karotte, 1 Selleriestange, 1/2 Bund Petersilie, 100 g Champignons, 3 Knoblauchzehen, Semmelbrösel, 1/2 Zwiebelchen, Salz, Pfeffer, Olivenöl

Die harten Blätter, die Spitzen und Stengel der Artischocken entfernen. Die weichen Blätter mit den Fingern nach außen biegen, um Platz für die Füllung zu schaffen.
Die Karotte, den Sellerie und den Knoblauch mit der Petersilie und der Zwiebel feinhacken. Die Champignons blättrig schneiden. Alles mit Semmelbröseln und etwas Olivenöl gut vermischen.
Die Masse in die Artischocken füllen und diese aufrecht in eine Kasserolle mit etwas Olivenöl stellen.
Bedeckt dünsten. Immer wieder etwas Wasser nachgießen. Garzeit etwa 1 1/2 Stunden.

194 Auberginen-Vorspeise *Melanzane trifolate*

1 große Aubergine, 1 Bund Petersilie, 3 Knoblauchzehen, 1 Zitrone, Salz, Pfeffer, Olivenöl

Die Aubergine in fingerdicke Scheiben schneiden, ohne sie vorher zu schälen. Die Scheiben in kochendem Salzwasser circa 10 Minuten blanchieren.
Sind die Scheiben weich, abseihen und im Sieb zum Abtropfen lassen, am besten eine Stunde lang.
Den Knoblauch mit der Petersilie kleinhacken und in einem Schüsselchen mit Olivenöl anrühren.
Die Auberginenscheiben aus dem Sieb nehmen, in Würfelchen schneiden und mit der Würzsauce vermengen. Salzen und – je nach Wunsch – pfeffern. Nochmals Olivenöl hinzufügen und mit Zitronensaft abschmecken.
Ein zweifach verwendbares Rezept: als köstliche Vorspeise oder als Beilage zu Fleisch!

195 Auberginen, mit Zucchini gefüllt *Melanzane ripiene di zucchini*

3 Auberginen, 2 Zucchini, 3 Brötchen, 100 g Pilze, Petersilie, 3 Knoblauchzehen, 1 Glas Milch, Olivenöl, Salz, Pfeffer, 1 Tasse Fleischbrühe

Die Auberginen der Länge nach durchschneiden und aushöhlen. Salzen und mit »dem Kopf nach unten« in ein Sieb legen. Sie sollten ungefähr eine Stunde lang »weinen«.
Die Brötchen in feine Scheibchen schneiden und in einer Schüssel mit der Milch vollsaugen lassen.
Die Pilze blättrig schneiden; in einer Pfanne mit ein wenig Olivenöl und einer ganzen Knoblauchzehe rundum andünsten, die in Scheibchen geschnittenen Zucchini hinzufügen und alles zusammen circa 1/2 Stunde schmoren lassen. Mit Wasser feuchthalten. Salzen und pfeffern.
Die Zucchini mit dem eingeweichten Brot, dem übrigen, kleingehackten Knoblauch und der Petersilie sorgfältig vermengen. Die Masse in die ausgehöhlten Auberginenhälften füllen.
Die gefüllten Fruchthälften mit ein wenig Olivenöl in einer Bratreine nebeneinanderlegen und im Bratrohr bei einer Hitze von 150 Grad ungefähr 40 Minuten garen. Ab und zu mit Fleischbrühe begießen. Gabelprobe machen.
Dieses Gericht ist leicht und schmeckt köstlich.

196 Auberginen mit Tomaten *Melanzane in umido*

1 große (oder 2 kleine) Auberginen, 1/4 Zwiebel, 1 Knoblauchzehe, 1/2 Bleichselleriestange, 4–5 Basilikumblätter, wenig Petersilie, 1/2 kg geschälte Tomaten, Olivenöl, Salz, Pfeffer (oder Peperoncino)

Die Auberginen schälen und in kleine Stückchen schneiden, mit Salz bestreuen, in ein Sieb legen und 1 Stunde stehen lassen, damit das bittere Wasser abtropfen kann. In der Zwischenzeit die Zwiebel, den Knoblauch, und den Sellerie kleinhacken.

Öl, Salz, Pfeffer (oder den Peperoncino) und die kleingeschnittenen Tomaten beifügen. Alles zusammen zugedeckt schmoren. Sobald es gar ist, durch ein Sieb streichen.
Die Auberginen in ein wenig Öl dünsten. Ist das Öl mit der Flüssigkeit verdunstet, die Sauce dazugeben und nochmals ein halbes Stündchen auf kleinster Flamme dünsten.
Als letztes kommen die Basilikumblätter hinzu.
Mit dieser Sauce kann man 400 g Spaghetti anrichten.

197 Fenchel in Butter *Finocchi al burro*

4 mittelgroße Fenchelknollen, 100 g Butter, 1 EL Olivenöl, 50 g Parmesan, Mehl, Salz, Pfeffer, Sahne

Den Fenchel in wenig gesalzenem Wasser garkochen, herausnehmen, gut abtropfen lassen. Die Knollen achteln, in Mehl wenden.
In einer Pfanne Butter und Olivenöl schmelzen lassen, die Fenchelstücke darin anordnen und auf mittlerer Flamme so lange brutzeln lassen, bis sie rundherum goldgelb sind. Salzen, pfeffern.
Den Parmesan darüberstreuen. Zum Schluß die Sahne vorsichtig unterrühren.
Heiß servieren.

198 Blumenkohl mit Anchovis *Cavolfiore all'impiccata*

1 kleiner Blumenkohl, 5 Anchovisfilets, 10 g Kapern, 100 g passierte Tomaten, Olivenöl, Salz, Pfeffer

Den Blumenkohl in Salzwasser kochen. Nach 10 Minuten herausnehmen und in Röschen zerpflücken.
In einer Kasserolle mit etwas Öl, den zerkleinerten Anchovisfilets und den Kapern

andünsten. Die Tomaten dazugeben. Pfeffern und vorsichtig nachsalzen. Nochmals 10 Minuten auf mittlerer Flamme dünsten; wenn nötig, ein wenig heißes Wasser dazugießen.

199 Blumenkohl in Béchamelsauce *Cavolfiore in besciamella*

1 Blumenkohl, 100 g Butter, 1/2 Liter Vollmilch, Salz, Pfeffer, Muskatnuß, 1 gehäufter EL Mehl, Parmesankäse

Den Blumenkohl von den grünen Außenblättern befreien und in kochendem Salzwasser aufstellen.
In einer Kasserolle auf kleiner Flamme die Butter und das Mehl so lange verrühren, bis die Masse eine schöne nußbraune Farbe angenommen hat. Langsam die Milch unterrühren. Einkochen lassen, salzen, pfeffern und mit Muskatnuß abschmecken.
Den Blumenkohl aus dem Kochwasser nehmen, abtropfen lassen und in kleine Stückchen schneiden.
In einer gebutterten Bratreine verteilen, mit der Sauce bedecken, nochmals pfeffern und mit Parmesan bestreuen.
Im Backofen bei mäßiger Hitze noch circa 10 Minuten backen. Sobald die Oberfläche zu einer goldgelben Kruste geworden ist, servieren.

200 Brokkoli *Broccoli*

700 g Brokkoli, Salz, Öl, Peperoncino, 4 Knoblauchzehen

Die Brokkoli putzen, in Stücke schneiden und in einer Kasserolle mit wenig Wasser und Salz gardämpfen. Wenn sie weich sind und die Flüssigkeit verdunstet ist, das Öl, die feinen Knoblauchscheibchen und den Peperoncino hinzufügen. Alles zusammen dünsten und wenden, damit die Brokkoli den Geschmack der Gewürze aufnehmen.

201 Fritierte Zucchini *Zucchini fritti*

Für 3 Personen

3 Zucchini, 2 Eier, 2 EL Mehl, Salz, Öl zum Fritieren

Die Zucchini längs in Scheiben schneiden (das ergibt ungefähr 5-6 Scheiben pro Zucchino).
Eier, Mehl und Salz zu einem Teig verrühren. Die Zucchinischeiben darin wenden und in reichlich siedendem Öl ausbacken, bis sie goldbraun sind. Nicht übereinander schichten.
Abtropfen lassen. Mit Salz bestreuen und heiß servieren.

202 Zucchini mit Fleischfüllung *Zucchini ripieni di ragù*

4 Zucchini, 300 g Hackfleisch, 250 g geschälte Tomaten, 1 Karotte, 1/2 Zwiebel, Petersilie, 1 Knoblauchzehe, 1/2 Mozzarella

Ragù: Die Zwiebel, die Karotte, die Petersilie und den Knoblauch kleinhacken. Die Zwiebel mit ein wenig Olivenöl andünsten. Zunächst das restliche Gemüse hinzufügen, anschließend das Hackfleisch daruntermischen. Sobald das Fleisch Farbe angenommen hat, die kleingeschnittenen Tomaten beigeben. Salzen, pfeffern. Zugedeckt langsam mindestens eine Stunde köcheln lassen.
Wenn nötig, etwas Wasser beimischen.
Zucchini: Die Früchte der Länge nach durchschneiden, aushöhlen, sorgfältig salzen und pfeffern und mit dem Hackfleisch füllen.
In einer Bratreine anordnen und bei 150 bis 170 Grad Hitze im Backrohr etwa eine halbe Stunde dünsten.
Herausnehmen, mit Parmesan bestreuen, mit Mozzarellascheibchen belegen und nochmals einige Minuten im Backofen fertiggaren.
Mit ein wenig frischem Olivenöl und einigen Petersilienblättchen servieren.

203 Frühlingssalat *Insalatina primavera*

Frische Gemüse: Kopfsalat, junge Karotten, zarte kleine Artischocken, Selleriestange, Gurke, frische Zwiebelchen, Radicchio, Radieschen, 1 hartes Ei, Oliven, Salz, Pfeffer, Öl, Zitrone, 1 Anchovisfilet, 1 kleine Dose Thunfisch

Die Artischocken von den harten Blättern befreien, die Spitzen und die Stengel abschneiden, und das Herz in feine Scheibchen schneiden.
Die Karotten schaben und mittelfein raspeln.
In einer großen Salatschüssel die feingeschnittenen Gemüse mischen.
Den Thunfisch zerpflücken, das Anchovisfilet kleinschneiden, das harte Ei in Scheiben schneiden und mit den Oliven unter den Salat heben. Mit Öl, Salz, Pfeffer und dem Saft einer Zitrone würzen.

204 Gebackene Auberginen *Melanzane fritte*

1 Aubergine pro Person, Mehl, Olivenöl, Salz

Die Aubergine schälen, in Scheiben von ½ cm schneiden. In Mehl wälzen und in reichlich siedendem Olivenöl 5 Minuten goldgelb backen. Abtropfen lassen, auf einer Platte anrichten. Küchenkrepp unter das Gemüse legen, um das Öl aufzusaugen.

205 Gedünstete Paprikaschoten nach Bauernart *Peperonata campagnola*

3 Paprikaschoten (grün, rot, gelb), 1 Zwiebel, 1 Aubergine, 3 reife Tomaten, 1 Zucchino, Salz, Pfeffer, 5 EL Öl

Die Aubergine schälen, in Würfelchen schneiden, in ein Sieb legen, salzen und 20 Minuten »weinen« lassen. Die Tomaten kurz in kochendes Wasser tauchen, abziehen und zerkleinern.

Das Öl in einer Pfanne erhitzen, die Zwiebelringe, die Paprikastreifen, die Auberginenwürfel, die Zucchinischeibchen und die Tomaten hineingeben. Salzen, pfeffern. Mit einem Holzlöffel umrühren, zugedeckt bei kleiner Flamme circa 35 Minuten dünsten. Wenn nötig, etwas heißes Wasser angießen.

206 Gefüllte Tomaten mit Reis *Pomodori ripieni con il riso*

6 Fleischtomaten, 100 g Reis, 1/2 Bund Petersilie, 50 g geriebener Käse, 1 Knoblauchzehe, 20 g Semmelbrösel, Salz, Pfeffer, Olivenöl

Die Tomaten halbieren, und einen Teil des Fruchtfleisches herausnehmen. Die Kerne entfernen. Den Knoblauch und die Petersilie feinhacken, mit dem Fruchtfleisch, dem rohen Reis, dem geriebenen Käse, Olivenöl, Salz und Pfeffer gut vermengen. Die Masse in die Tomatenhälften füllen. Die Tomaten in einer geölten Bratreine anordnen, mit Semmelbröseln bestreuen und mit Olivenöl beträufeln.
Im Backofen bei 150–170 Grad 60–90 Minuten dünsten.

207 Gefüllte rohe Tomaten *Pomodori per l'estate*

4 große Fleischtomaten, 80 g Thunfisch aus der Dose, 2 harte Eier, 20 g Kapern, Petersilie, 8 Basilikumblätter, Olivenöl, Salz, Pfeffer

Den Thunfisch mit den Kapern (8 Kapern für die Dekoration zurückbehalten), einem Eigelb, der gehackten Petersilie, Salz, Pfeffer und Olivenöl zu einer Paste verrühren.
Die Tomaten halbieren, und etwas Fruchtfleisch herausnehmen. Die Masse einfüllen. Das andere Ei in Scheiben schneiden, die Scheiben auf die Tomatenhälften legen, mit jeweils einer Kaper und einem Basilikumblatt verzieren.
Ein köstliches Gericht für den Sommer, sei es als Vorspeise oder als Hauptgang.

208 Gefüllte Tomaten *Pomodori ripieni*

Für 2 Personen

4 große, reife Fleischtomaten, 1 Bund Petersilie, Semmelbrösel, 2 Knoblauchzehen, Salz, Pfeffer, Olivenöl

Die Tomaten halbieren und ein wenig aushöhlen. Die Petersilie und den Knoblauch kleinhacken, mit dem Fruchtfleisch und 3 Eßlöffeln Olivenöl vermengen. Die Masse in die Tomatenhälften einfüllen, salzen, pfeffern. In eine Bratreine setzen, mit Semmelbröseln bestreuen, und mit Olivenöl beträufeln.
Im Backofen bei 200 Grad 45–60 Minuten dünsten.
Heiß servieren.

209 Gemischtes Gemüse als Beilage *Contorno di verdura mista*

1 Zwiebel, verschiedene Gemüsesorten, jedoch keine Blattgemüse oder Kartoffeln, Olivenöl, Salz, Pfeffer, passierte Tomaten

Die kleingehackte Zwiebel in Olivenöl andünsten.
Das in regelmäßige Stücke geschnittene Gemüse je nach Garzeit nach und nach beifügen, und dabei öfters umrühren. Salzen, pfeffern, das Tomatenpüree daruntermischen und auf kleiner Flamme fertiggaren.
Man kann dieses Gemüsegericht auch passieren. Als Mus schmeckt es ausgezeichnet zum Würzen von Pasta, gekochtem Reis, Kartoffeln usw.

210 Gefüllte Paprika *Peperoni ripieni*

4 große Gemüsepaprika, 2 Anchovisfilets, 50 g Oliven, 70 g Semmelbrösel, 500 g reife Tomaten oder 250 g geschälte Tomaten, 1/2 Bund Petersilie, 5 Blätter Basilikum, 30 g Rosinen, 20 g Kapern, Olivenöl, Salz, Pfeffer

Für die Tomatensauce: Petersilie, Basilikum und Knoblauch kleinhacken, mit den geschälten und zerstückelten Tomaten in etwas Öl andünsten. Salzen, pfeffern. 1/2 Stunde eindicken lassen.
Die Paprikaschoten waschen, und die obere Partie abschneiden. Die Samen herausnehmen. In einer geölten Bratreine aufrecht nebeneinander stellen, innen salzen, mit reichlich Öl besprengen.
Die entkernten Oliven, die in warmem Wasser aufgeweichten Rosinen, die Kapern, die zerkleinerten Anchovisfilets, ein wenig gehacktes Basilikum und Petersilie mit den Semmelbröseln vermischen, salzen, pfeffern, mit Hilfe von etwas Olivenöl zu einer Masse verarbeiten.
Die Füllung in die Paprikaschoten geben, mit der Tomatensauce bedecken.
Im Backofen bei 180 Grad 90 Minuten dünsten.

211 Rohes Gemüse zum Knabbern *Pizzimonio*

Frisches Gemüse je nach Jahreszeit: Fenchel, Karotten, Gurken, junge Zwiebeln (Schalotten), frische italienische Artischocken, Radieschen, Tomaten, Bleichsellerie Salz, Pfeffer, Olivenöl, 1/2 Zitrone, frisches Weißbrot

Das Gemüse waschen, abtropfen lassen.
Von dem Bleichsellerie nur die zartesten Stangen auswählen. Die Artischocken von den harten Blättern und den Spitzen befreien. Den Fenchel in vier Teile schneiden. Die Gurke und die Karotte schälen und der Länge nach vierteln. Die Tomaten in 8 Teile schneiden.
Das Gemüse dekorativ in einer Schüssel anordnen.
In mehreren Schälchen (je nach Anzahl der Geladenen) Olivenöl, Salz, Pfeffer und Zitronensaft verrühren.
Die Platte mit dem Gemüse in die Mitte des Tisches stellen. Vor jeden Gast kommt ein Schälchen mit der Salatsauce.
Jeder stippt das Gemüse in die Sauce und ißt es so, wie es ist: roh. Dazu wird frisches Weißbrot gereicht.

Weiße Bohnen in der Flasche

Fagioli al Fiasco

212 Grüne Bohnen mit Kartoffeln *Fagiolini e patate lesse*

300 g grüne Bohnen, 4 Kartoffeln, Salz, Olivenöl, Pfeffer, 1 Zitrone

Die grünen Bohnen putzen, waschen und in einem Liter gesalzenem Wasser kochen.
Gleichzeitig die Kartoffeln mit der Schale auf das Feuer stellen.
Wenn die Bohnen gar sind, abseihen. Die gekochten Kartoffeln schälen, in Scheiben schneiden und zusammen mit den Bohnen in eine Schüssel geben.
In einer Tasse das Olivenöl, Salz und Pfeffer sowie den Saft einer Zitrone zu einer Sauce verrühren und über das Gemüse gießen.

213 Junge Erbsen mit Schinken *Piselli al prosciutto*

500 g junge Erbsen, 100 g roher Schinken (in dicke Scheiben geschnitten), 1 kleine Zwiebel, 1/2 Bund Petersilie, 1/2 Glas Fleischbrühe, Olivenöl, Salz, Pfeffer

Die kleingehackte Zwiebel und die Petersilie mit dem gewürfelten Schinken und etwas Olivenöl in einer Kasserolle andünsten. Die Erbsen hinzufügen, gut vermengen. Salzen und pfeffern, zum Kochen bringen. Ab und zu etwas heiße Fleischbrühe dazugießen.
Diese Beilage eignet sich ganz besonders zu Fleischgerichten in Tomatensauce.

214 Lauchtorte *Porrata*

1 kg Lauch, 300 g Mehl, 20 g Bierhefe, 4 Eier, 20 g Butter, 50 g roher Schinken, 50 g Parmesankäse, Olivenöl, Salz, Pfeffer

Das Mehl mit 1 Ei, einigen Eßlöffeln Olivenöl, etwas Salz und der in warmem Wasser aufgelösten Bierhefe zu einem Teig verarbeiten. Gut durchkneten. Die Teigkugel eine Stunde ruhen lassen.

Inzwischen den Lauch – nur die hellen Teile verwenden – in 2 cm breite Streifen schneiden, gut waschen und abtropfen lassen.
Mit ein wenig Olivenöl in einer Pfanne andünsten. Salzen, pfeffern. Zugedeckt 45 Minuten weiterdünsten. Wenn nötig, heißes Wasser dazugeben. Vom Feuer nehmen, abkühlen lassen und 3 Eier unterrühren.
Den Teig in einer gebutterten Bratreine flachdrücken, mit dem Schinken belegen und mit dem Lauchpüree bedecken. Pfeffern.
Im Backofen bei 170 Grad ungefähr 1/2 Stunde ausbacken.
Mit etwas geriebenem Parmesan bestreuen. Sofort servieren.

215 Pilze auf einfache Art *Funghi semplici*

Pilze, jede Sorte ist geeignet (Menge nach Wunsch), Knoblauchzehen, reichlich wilde Minze, Olivenöl, Salz, Pfeffer

Die Pilze säubern, blättrig schneiden. In eine Kasserolle mit etwas Olivenöl, dem Knoblauch und der feingehackten Minze geben. Salzen, pfeffern.
Eine halbe Stunde auf schwacher Flamme dünsten, wenn nötig, heißes Wasser dazugeben.
Heiß servieren.

216 Pilztorte *Torta di champignon*

400 g Pilze, 50 g roher Schinken (oder Pancetta), 2 Knoblauchzehen, Olivenöl, Salz, Pfeffer, Petersilie, 50 g Parmesan, 2 Eier, 250 g Mehl, 100 g Butter, lauwarmes Wasser

Die Pilze blättrig schneiden und in ein wenig Ölivenöl mit dem gewürfelten Schinken anbraten.
Mit der Petersilie und dem gehackten Knoblauch bestreuen. Salzen , pfeffern. Eine

Viertelstunde dünsten. Vom Feuer nehmen und erkalten lassen. Erst dann die verquirlten Eier und den Parmesan daruntermischen.
Die Butter mit dem Mehl zu einem Teig verrühren, wenn nötig, lauwarmes Wasser hinzufügen. Circa eine halbe Stunde ruhen lassen. Ausrollen und eine gebutterte Backform mit dem Teig auslegen. Die Champignonmasse einfüllen. Wer mag, kann noch Mozzarellascheibchen darüberlegen.
Im Backofen bei ca. 200 Grad ausbacken. Nach 20 Minuten ist das Gericht schön nußbraun.

217 Spargel mit Käse »Miranda« *Asparagi al formaggio alla mia maniera*

1 Bund Spargel, 70 g Butter, 70 g geriebener Parmesan, 1 Knoblauchzehe, Salz, Pfeffer, Olivenöl

Den Spargel schälen, in einer breiten Kasserolle der Länge nach anordnen. Mit etwas Olivenöl beträufeln, 1/2 Glas Wasser dazugießen, eine ganze Knoblauchzehe dazugeben und circa 20 Minuten kochen lassen.
Um sicher zu sein, daß der Spargel gar ist, eine Gabelprobe machen.
Sobald das Wasser verdunstet ist, die Butter dazugeben, und den Parmesan darüberstreuen. Salzen, pfeffern.
Für 5–6 Minuten in den Backofen stellen, bis der Parmesan geschmolzen ist.
Heiß servieren.

218 Spinat in der Pfanne *Spinaci saltati*

1/2 kg Blattspinat (frisch oder tiefgefroren), 2 Knoblauchzehen, 1/2 Peperoncino, Öl, Salz

Den gut gewaschenen Spinat in ganz wenig gesalzenem Wasser kochen, abtropfen lassen, gut ausdrücken, hacken.

In einer Pfanne das Öl mit dem Peperoncino und den Knoblauchstückchen erhitzen, und den gehackten Spinat einige Minuten darin schwenken.

219 Spinatpfannkuchen *Frittatine di spinaci*

2 Eier, 4 EL Mehl, Sprudelwasser, 1 kg Spinat, Salz, Pfeffer, 2 Knoblauchzehen, 1/2 Peperoncino, 50 g Parmesan, Olivenöl

Den Spinat waschen und in einem gut verschließbaren Topf auf kleiner Flamme ohne zusätzliches Wasser gardämpfen. Salzen. Abtropfen lassen und sorgfältig ausdrücken. Erscheint Ihnen das Gemüse zu heiß, nehmen Sie eine Kartoffelpresse zu Hilfe.
Den Spinat in einer Pfanne zusammen mit dem kleingehackten Knoblauch und dem Peperoncino in erhitztem Olivenöl so lange drehen und wenden, bis die letzte Feuchtigkeit entwichen ist.
Die Eier und das Mehl in einem Schüsselchen verquirlen. So viel Mineralwasser hinzufügen, wie man braucht, um 4–5 Pfannküchlein herausbacken zu können. Salzen.
In einer kleinen Pfanne etwas Olivenöl erhitzen. Einen keinen Teil des Teiges hineingießen. Ist das Pfannküchlein von einer Seite goldbraun, ein Viertel (oder ein Fünftel) des Spinats darauf verteilen, und das Omlett zuklappen.
Die anderen Pfannkuchen auf die gleiche Art zubereiten, sie dann auf der Servierschüssel anrichten, mit dem Parmesan bestreuen und heiß servieren.

220 Weiße Bohnen in der Flasche *Fagioli al fiasco*

Ein Rezept für all die Glücklichen, die Besitzer eines Kamins sind.

Getrocknete weiße Bohnen, Salbeiblätter, Knoblauchzehen, Olivenöl, Salz, Pfeffer, 1 leere Flasche

Die Bohnen in eine Flasche füllen, den Salbei, die ganzen Knoblauchzehen und reichlich Olivenöl hinzufügen. Salzen. Die Bohnen mit Wasser bedecken. Die Flasche mit einem Hanfbausch verschließen. Den Hanf um den Flaschenhals wickeln und festbinden.
Die Flasche in die Asche stellen, am besten in die Nähe der Wärmequelle. Die Bohnen müssen eine stets gleichbleibende Temperatur haben; sie darf aber nicht zu hoch sein.
Die Garzeit beträgt mehrere Stunden. Man kann die Flasche auch eine ganze Nacht in der Asche lassen. Wenn die Flüssigkeit aufgesogen ist, sind die Bohnen gar.
Man serviert sie mit Pfeffer, etwas Salz und Olivenöl.

221 Weiße Bohnen in Olivenöl mit Thunfisch und Zwiebeln *Fagioli all'olio con tonno e cipolla*

300 g weiße getrocknete Bohnen oder 1 kg weiße frische Bohnen, 2 Salbeiblätter, Salz, Pfeffer, Olivenöl. (Man kann auch die weißen Bohnen »Bianchi di Spagna« aus der Dose verwenden.)

Die weißen getrockneten Bohnen über Nacht einweichen. Abseihen. In eine Kasserolle geben, mit Wasser bedecken und circa 3 Stunden zugedeckt mit den Salbeiblättern kochen. Wenn nötig, heißes Wasser nachfüllen, salzen.
Die frischen Bohnen aushülsen, nicht einweichen, sondern in reichlich Wasser 1 Stunde mit den Salbeiblättern kochen. Salzen.
Die Bohnen abseihen, sobald sie gar sind. Mit einem Schaumlöffel auf Teller verteilen. Mit Olivenöl, einer Prise Salz und reichlich Pfeffer würzen.
Dieses Gericht schmeckt ausgezeichnet als Beilage.
Oft werden aber diese Bohnen zu einem Hauptgericht: mit Thunfisch aus der Dose und feingeschnittener weißer Zwiebel, die zuvor in reichlich frischem Wasser gewaschen wurde.

222 Weiße Bohnen in Tomatensauce *Fagioli all'uccelletto*

300 g trockene weiße Bohnen, 200 g passierte Tomaten, 4 Salbeiblätter, 3 Knoblauchzehen, Öl, Salz, Pfeffer

Die Bohnen über Nacht einweichen. 4 Stunden mit Wasser bedeckt kochen. Abseihen.
In einer Kasserolle das Öl, den Salbei und den Knoblauch dünsten. Die passierten Tomaten und die Bohnen hinzufügen. Salzen, pfeffern. 10 Minuten bedeckt schmoren.

223 Zwiebelchen im Backofen *Cipolline al forno*

500 g Cipolline (flache, weiße italienische Zwiebelchen), 2 Knoblauchzehen, Rosmarin, Salz, Pfeffer, Olivenöl

Die Zwiebeln schälen und für circa 1 Stunde in kaltes Wasser legen. Abtropfen lassen.
Die Zwiebeln in einer Bratreine mit wenig Öl nebeneinanderlegen. Den ganzen Knoblauch dazugeben, mit ein wenig Rosmarin, Salz und Pfeffer würzen. Im Backofen bei mittlerer Hitze 1 Stunde garen.
Als Beigabe zu Fleisch sind diese Cipolline köstlich.

224 Zucchini mit Butter *Zucchini al burro*

4 mittelgroße Zucchini, 70 g Butter, 1/2 Bund Petersilie, 1 Knoblauchzehe, Salz, Pfeffer, 1 Prise Oregano

Die Zucchini (ungeschält) in Scheibchen schneiden. Die Knoblauchzehe mit der Petersilie kleinhacken und zusammen mit den Zucchini und der Butter in eine Pfan-

ne geben. Salzen, pfeffern, von Zeit zu Zeit wenden. 1/2 Stunde ohne Deckel garen lassen. Nach der halben Garzeit eine Prise Oregano darüberstreuen.
Als Beilage zu Fleisch servieren.

225 Zucchini in Tomatensauce
Zucchini al pomodoro

4 mittelgroße Zucchini, 100 g passierte Tomaten, 50 g Butter, 1/2 Bund Petersilie, 1 Knoblauchzehe, Salz, Pfeffer

Die Zucchini in circa 1 cm dicke Scheiben schneiden. Den Knoblauch und die Petersilie kleinhacken, zusammen mit den Zucchini und der Butter in eine große Pfanne geben. Salzen, pfeffern. Ab und zu wenden. Sobald die Zucchini Farbe angenommen haben, die Tomaten beifügen. Zugedeckt 1/2 Stunde köcheln lassen.
Nach Wunsch Parmesan darüberstreuen.

226 Zucchini mit Thunfisch gefüllt
Zucchini ripieni di tonno

4 Zucchini, 1 Dose Thunfisch (100 g), 50 g Parmesankäse, 1 Ei, 50 g Butter, 1 Prise Salz, Pfeffer, 1/2 Bund Petersilie, 2 Knoblauchzehen, 1 EL Semmelbrösel

Die Zucchini der Länge nach durchschneiden, aushöhlen, das gewonnene Innere zerkleinern.
Den Thunfisch mit einer Gabel zerpflücken, in einer Terrine mit dem Ei, den Zucchinistückchen, der gehackten Petersilie und dem Parmesankäse verrühren. Salzen, pfeffern.
Die ausgehöhlten Zucchini leicht salzen, mit der Masse füllen, mit Semmelbröseln bestreuen und in eine gebutterte Bratreine geben. Im Backofen circa 1 1/2 Stunden bei mittlerer Hitze garen.

227 Artischocken-Omelett *Frittata di carciofi*

4 kleine Artischocken, 4 Eier, 2 Zitronen, geriebener Parmesan, Olivenöl, Salz, Pfeffer, Mehl

Die Artischocken von den harten Außenblättern befreien, achteln. In Zitronenwasser waschen, gut abtrocknen, in Mehl wenden. In einer Pfanne mit etwas Olivenöl von allen Seiten andünsten, den Saft einer Zitrone darübergießen. Salzen, pfeffern.
Auf kleiner Flamme zugedeckt garen.
In einem Teller die Eier mit wenig Salz und Pfeffer verquirlen, diese über die Artischocken gießen. Auf schwachem Feuer 5 Minuten backen.
Je nach Wunsch mit etwas geriebenem Parmesan bestreuen und servieren.

228 Spinat-Omelett *Frittata di spinaci*

500 g Blattspinat, 4 Eier, 4 EL Olivenöl, Salz, Pfeffer (oder ein Stückchen Peperoncino), 20 g Parmesan

Den gewaschenen Spinat in wenig Wasser gardämpfen. Abtropfen lassen, gut auspressen und in die Pfanne mit dem Öl, dem Salz und Pfeffer (oder Peperoncino) geben.
In einer Schüssel die Eier mit etwas Salz verquirlen und sie über den Spinat gießen.
Die Omelett von beiden Seiten goldgelb backen.
Parmesan darüberstreuen.
Sie schmeckt auch kalt köstlich.

229 Kartoffel-Omelett *Frittata di patate*

5 große Kartoffeln, 4 Eier, Öl, Salz, Pfeffer

Die Kartoffeln in der Schale kochen, schälen und in Scheiben schneiden. In einer Pfanne mit ein wenig Öl dünsten. Salzen und pfeffern.
Die Eier in einer Schüssel leicht schlagen, die gedünsteten Kartoffeln hineingleiten lassen, umrühren, und alles in die heiße Pfanne geben. Goldgelb backen, wenden.

230 Zwiebel-Omelett *Tortino di cipolle*

Für 8 Personen

2 kg Zwiebeln, 8 Eier, 20 g Butter, 2 Tassen trockenen Rotwein, 2 EL Öl, Salz

Die Zwiebeln in feine Ringe schneiden, in einer Pfanne in Öl glasig dünsten. Den Wein angießen. Auf kleinster Flamme zugedeckt 7 Minuten köcheln lassen; wenn nötig, etwas Wasser zufügen.
Eine Bratreine mit Butter bestreichen, und die Zwiebelmasse darin gleichmäßig verteilen.
Die Eier mit einer Gabel schlagen, salzen und darübergießen.
Im Backofen bei schwacher Hitze (110 Grad) ausbacken.

231 Zucchini-Omelett *Frittata di zucchini*

3 Zucchini, 4 Eier, Salz, Pfeffer, Öl

Die Zucchini in Scheibchen schneiden und in einer breiten Pfanne in wenig Öl dünsten. Salzen.
Die Eier mit wenig Pfeffer und Salz in einem Teller leicht schlagen. Die gedünsteten Zucchini hineingeben, umrühren. Alles in die heiße Pfanne zurückgießen und von beiden Seiten goldgelb braten.
Schmeckt sehr gut auch kalt.

232 Dessert von der Veffina *Dolce della Veffina*

»Die Veffina war ein mageres, dürres Weiblein, und sie war lange Zeit Köchin bei der Mama«, erzählt Cecilia Bordone. Sie hieß eigentlich Genoveffa, aber alle nannten sie Veffina.
Diese Süßspeise ist kalt, ist leicht herzustellen und sieht ausgesprochen dekorativ aus.

2 Schachteln Savoyarden, 6 Eigelb (hartgekocht), 150 g Butter, Kaffee zum Tränken der Savoyarden, 100 g Zucker, 1 Tasse Makronen, 1 Glas Vin Santo, 150 g Kakao, 100 g zerkleinerte Mandeln

Die Eigelb mit der Butter und dem Zucker zu einer feinen Creme verarbeiten.
In einer Kuchenform (Plum Cake) den Boden mit den in Kaffee getränkten Savoyarden auslegen. Mit der Hälfte der Creme bestreichen. Darüber eine Schicht Makronen legen, die mit Vin Santo vollgesogen sind. Den Rest der Creme mit dem Kakao vermischen und über die Makronen geben. Zum Schluß wieder kaffeegetränkte Savoyarden legen.
Das Dessert für einige Stunden in den Eisschrank stellen, auch über Nacht. Am Morgen aus der Form nehmen. Mit den Mandeln von allen Seiten dekorieren.
Kalt servieren.

233 Dessert mit Mascarpone *Dolce al mascarpone*

1 Schachtel Savoyarden, 4 Eier, 200 g Mascarpone, Kaffee oder Wermut (zum Tränken der Savoyarden), 100 g Zucker

Das Eiweiß zu Schnee schlagen. Den Zucker und die Eigelb hinzufügen, gut durchrühren.

Den Mascarpone dazugeben und alles zu einer ganz feinen Creme verrühren.
Den Fond einer Schüssel mit einer Schicht Savoyarden auslegen, mit Kaffee oder Wermut tränken, mit Creme beschichten. Dann wieder Savoyarden darüberlegen, und in der gleichen Weise weiterverfahren, bis die Savoyarden aufgebraucht sind.
Im Eisschrank circa 1/2 Stunde kühlen und servieren.

234 Erdbeeren in Wein und Zitrone *Fragole al vino e limone*

350 g Erdbeeren, 2 EL Zucker, Saft von 1 Zitrone, 2 Glas Rotwein

Die Erdbeeren waschen und in Scheibchen schneiden. In einer Schüssel mit dem Zucker, dem Zitronensaft und dem Wein vermischen.
Einige Stunden im Kühlschrank aufbewahren, kalt servieren.
Sie stammte aus einer uralten toskanischen Familie.

235 Florentiner Kuchen *Schiacciata alla fiorentina*

100 g Mehl, 3 EL Backpulver, 80 g Zucker, 80 g Butter, 1 Ei, abgeriebene Schale von 1 Orange, 1 Prise Salz, Puderzucker

Das Mehl mit der Hefe vermischen. In einer Terrine die Butter mit dem Zucker und dem Ei verrühren. Das Mehl und die Orangenschale hinzufügen, salzen. Zu einem elastischen Teig verarbeiten.
Eine Bratreine buttern, den Teig hineingeben.
Im Backofen bei mittlerer Hitze 20–25 Minuten ausbacken, herausnehmen, etwas abkühlen lassen.
Mit reichlich Puderzucker bestreuen und servieren.

236 Kastanientorte *Castagnaccio*

500 g Kastanienmehl, 150 g Rosinen, 200 g Pinienkerne, 1 Prise Salz, Olivenöl

In einer Schüssel das Kastanienmehl zerdrücken und mit kaltem Wasser zu einem flüssigen Teig verrühren.
Eine breite und niedrige Bratreine ölen, den Teig hineingießen, er soll ungefähr 2 cm hoch sein. Mit den Rosinen, den Pinienkernen, 2 EL Olivenöl bedecken, und im vorgeheizten Backrohr bei 170 Grad eine halbe Stunde ausbacken.
Die Oberfläche des Castagnaccio muß von brauner Farbe und von Rissen durchzogen sein.

237 Kleine Reiskuchen *Fritelle di riso*

Menge für eine Familie:

100 g Reis, 1/2 l Milch, 1 TL Butter, 1 EL Zucker, 50 g Mehl, 1 Gläschen Rum oder Cognac oder trockener Vin Santo, Schale einer halben Zitrone, 3 Eier, 1 gestrichener TL Hefe, Puderzucker, 1 Prise Salz, Öl zum Ausbacken

Den Reis mit der Butter, der Prise Salz, der abgeriebenen Zitronenschale kochen. Gut umrühren.
Vom Feuer nehmen, erkalten lassen.
Die Eigelb, das Mehl und den Alkohol daruntermischen. 1/2 Stunde ruhen lassen.
Die Hefe hineinrühren, und das geschlagene Eiweiß unterheben.
Von einem Eßlöffel die Küchlein in eine Pfanne mit reichlich siedendem Öl gleiten lassen, goldgelb backen, herausnehmen, abtropfen lassen, in Puderzucker wenden und auf Küchenkrepp anrichten.

238 Schafskäse mit Birnen *Pecorino con le pere*

Pecorino, Birnen (saftig)

Ein köstlicher Abschluß eines echten toskanischen Mahls ist der Pecorino (Schafskäse) mit Birnen.
Der Käse muß halb-gelagert sein, so ist er kräftiger im Geschmack.
Die Birnen werden geschält, das Kerngehäuse wird entfernt.
Die wahren Kenner werden applaudieren!

239 Süßspeise aus Ricotta (Frischkäse) *Dessert di ricotta*

250 g Ricotta, 1/2 l süße Sahne, 100 g Blockschokolade, 2 Gläschen Maraschino, 1 EL Zucker

Die Sahne mit dem Zucker schlagen.
Den zerbröckelten Ricotta mit der grob geraspelten Schokolade unter die Schlagsahne rühren, mit dem Maraschino vermengen.
Die Masse in eine Dessertschüssel füllen und bis zum Servieren in den Kühlschrank stellen.

240 Pfirsich-Dessert *Dessert di pesche*

6 schöne Pfirsiche, 50 g gehackte Mandeln, 30 g Rosinen, 1/2 Glas Wein, 50 g Zucker

Die Pfirsiche halbieren, die Kerne entfernen und rund um das Gehäuse reichlich Fruchtfleisch entnehmen.
Dieses Fruchtfleisch mit den Mandeln, den Rosinen und einer Hälfte des Zuckers gut vermengen. Die Pfirsichhälften damit füllen.

Den Wein mit dem übrigen Zucker in eine Bratreine geben, und die gefüllten Früchte hineinlegen.
Im Backofen bei 150 Grad circa 15–20 Minuten garen.
Heiß oder kalt in ihrem eigenen Saft servieren.

241 Prateser Mandelecken *Cantuccini di Prato*

700 g Mehl, 700 g Zucker, 250 g geschälte Mandeln, 4 Eigelb, 2 Teelöffel Hefe, 1/2 Orange

Das Eigelb mit dem Zucker verrühren. Das mit der Hefe vermischte Mehl, die ganzen Mandeln und den Orangensaft hinzufügen und zu einem Teig verarbeiten. Gut verkneten und in handliche Stücke zerschneiden. Jedes Stück zu einer Wurst von 2 cm Durchmesser ausrollen. Ruhen lassen, dann mit Eigelb bepinseln.
Den Backofen auf 170 Grad vorheizen. Die Teigrollen auf ein gefettetes Backblech legen und 15 bis 20 Minuten backen. Herausnehmen, etwas abkühlen lassen und schräg mit einem scharfen Messer in circa 5 cm lange Küchlein schneiden.
Die traditionellen Cantuccini di Prato werden in der Toskana als Dessert serviert. Dazu reicht man Vin Santo oder Morellino (so heißt der Süßwein Aleatico in Florenz). Jeder stippt seinen Cantuccino in sein Glas und läßt ihn nach und nach auf der Zunge zergehen.

242 Ricciarelli aus Siena *Ricciarelli di Siena*

400 g Zucker, 400 g geriebene Mandeln, 3 Eiweiß, Orangenschalenextrakt, Puderzucker

Den Zucker mit den Mandeln verrühren. Die Eiweiß zu Schnee schlagen, in einer Schüssel mit dem Mandelzucker und dem Orangenschalenextrakt vermischen.
Die Masse 2 cm hoch auf ein bemehltes Holzbrett streichen. Aus dem Teig kleine ovale Plätzchen stechen.

Eine Bratreine mit ovalen Oblaten auslegen, die Plätzchen darauflegen. Mit Puderzucker bestreuen, im Backofen bei 150 Grad eine halbe Stunde backen.

243 Süße Lumpen *Cenci*

200 g Mehl, 20 g Butter, 25 g Puderzucker, 2 Eier, 1 EL trockener Likör, 1 Prise Salz, Öl zum Ausbacken

Den Zucker, die zerlassene Butter, das Salz und den Likör mit dem Mehl zu einem Teig verrühren, der sich gut kneten läßt. Eine Weile ruhen lassen, dann dünn (ca. 2 mm) ausrollen.
Nun in 15 cm lange und 4 cm breite Streifen schneiden, denen man jede beliebige Form geben kann.
In einer Pfanne reichlich Öl zum Sieden bringen, und die Streifen hineinwerfen. Gut abtropfen lassen. Wenn die Cenci lauwarm geworden sind, mit Puderzucker bestreuen.

244 Toskanische Küchlein *Frittelle toscane*

400 g Mehl, 2 Eier, 6 Eigelb, 80 g Zucker, 100 g Rosinen, Abgeriebenes von 1 Zitrone, 1 Tüte Hefe, Olivenöl, Salz

Das Mehl mit etwas lauwarmem Wasser zu einem dickflüssigen Teig verarbeiten. Eine Prise Salz, 8 Eigelb, Zucker, Zitronenschale, die in warmem Wasser eingeweichten und gut abgetropften Rosinen darunterrühren. Die 2 Eiweiß zu Schnee schlagen, vorsichtig darunterheben. Zum Schluß die Hefe hinzufügen.
In einer Pfanne reichlich Öl zum Sieden bringen. Den Teig mit einem Eßlöffel nach und nach in das Öl gleiten lassen, ausbacken, herausnehmen, abtropfen lassen und auf Küchenkrepp legen. Mit Vanillepuderzucker bestreuen und servieren.

245 Toskanischer süßer Kringel *Ciambella*

500 g Mehl, 3 Eier, 250 g Zucker, 1/2 Tasse Milch, 1 Tütchen Pinienkerne, 100 g Butter, 1 kl. Gläschen Likör, 1 Handvoll Rosinen, 1 Tütchen Backpulver

In einer Schüssel die Eier mit dem Zucker und der Butter verrühren. Das mit der Hefe vermischte Mehl, die Milch, den Likör, die Rosinen und die Pinienkerne dazugeben.
Die Masse in eine gebutterte Bratreine gießen.
Im Backofen bei 170 Grad Hitze circa 35 Minuten backen.

246 Zuccotto *Zuccotto*

1 1/2 l frische Sahne, 50 g Zucker, 1 Packung Löffelbiskuits, 90 g Bitterschokolade, 1 Glas Maraschino, 50 g kandierte Früchte, 100 g frische Erdbeeren

Eine Schüssel mit den in Maraschino getränkten Löffelbiskuits auslegen.
1. Schicht: 1/2 Liter Sahne mit einem Drittel des Zuckers steifschlagen, mit den zerkleinerten kandierten Früchten vermischen und mit einem Löffel über die Biskuits streichen.
2. Schicht: Die Schokolade zerschmelzen und abkühlen lassen. 1/2 Liter Sahne mit 15 g Zucker schlagen und mit der Schokolade verrühren. Vorsichtig über die 1. Schicht geben.
3. Schicht: Die übrige Sahne steifschlagen, mit dem restlichen Zucker und den passierten Erdbeeren vermischen. Diese Creme kommt über die ersten beiden Schichten.
Das Dessert wird im Eisschrank kalt gestellt und kühl serviert.

247 Fladen mit Weintrauben *Schiacciata con l'uva*

800 g Mehl, 300 g Milch, 1 1/2 Würfel Hefe, 2 kg blaue Trauben, 2 EL Olivenöl, 3 EL Zucker

Die Trauben abzupfen, waschen und gut abtropfen lassen.
Das Mehl, die Milch und die Hefe zu einem Teig verarbeiten. Einige Beeren daruntermischen. Zwei Stunden ruhen lassen.
Den Teig in einer geölten Bratreine verteilen und dicht mit Beeren bedecken. Ist nur eine kleine Reine vorhanden, 2 Schichten aufbauen.
Mit Zucker bestreuen und im Backofen bei 150 Grad circa 45 Minuten backen.

248 Weintrauben mit Grappa *L'uva con la grappa*

Benötigt werden dazu reife, süße Trauben mit großen Beeren (Sommerende), Zukker, Grappa, Gläser mit Deckel

Die Beeren sorgfältig mit einer Schere von den Stielen abschneiden, dabei darauf achten, daß sie nicht beschädigt werden. Waschen und gut abtropfen lassen. Entweder lufttrocknen oder mit einem sauberen, weißen Tuch von allen Seiten abtupfen. Wichtig ist, daß der kleine Stielrest an der Beere bleibt. Dieser »Pfropfen« verhindert ein allzu schnelles Eindringen des Alkohols.
Die trockenen Früchte in ein Glas füllen, mit Zucker bestreuen und mit Grappa bedecken. Das Glas fest verschließen. Der Plastikdeckel muß in einem tadellosen Zustand sein.
Man ißt diese Trauben zu Weihnachten oder zu Neujahr. Dann sind sie »richtig«.

Fischen bei Nacht

Das Meer ist meine große Liebe. Meer und Fische, ich liebe sie gleichermaßen. Junge Menschen, die wie ich am Meer aufgewachsen sind, träumen von phantastischen Fischzügen und erkundigen sich manchmal bei den alten Meerwölfen nach den sichersten Fangmethoden. Wir gehören nicht zu jenen, die mit einem dunkelblauen Marinekäppchen auf dem Kopf, mit Angel und einer Dose voller Würmer auf der Mole aufmarschieren. Das überlassen wir den Touristen und den Alten, die nicht zum Fischen kommen, sondern zum Träumen.

Unser Meer, das Tyrrhenische Meer, war schon immer eines der geizigsten. Die meisten haben es längst aufgegeben, volle Netze herausholen zu wollen, aber wir, die Jungen, schwärmen noch immer von ungeheuren Mengen herrlicher Fische, so viel, daß man sie kaum tragen kann.

Roberto, ein lieber Freund von mir, Arzt von Beruf, mit seiner Familie in Cecina lebend, hat einen 7. Sinn. Er weiß, wann ich nach langer Abwesenheit in seine Nähe komme. Dann ruft er mich an und fordert mich zum Fischen auf, so wie in alten Zeiten, als wir – er, seine Verlobte und ich – in einem drei Meter langen Boot ins Meer hinausruderten. Während er unter Wasser fischte, lagen wir zwei Frauen ausgestreckt in dem Boot und sonnten uns. Ab und zu tauchte er auf und beschrieb mit seinen Händen in der Luft die riesigen Fische, die da unten waren. Das da unten war aber auch die Heimat der Tintenfische, wie er behauptete.

Diesmal war es anders. Wir wollten in der Nähe von Vada mit einer Fangleine fischen. Und dies nachts. Das mit der Fangleine ist zwar genial, aber es gehört auch Glück dazu.

Kurz vor Sonnenuntergang läßt man vom Ufer aus eine lange Schnur in das Meer gleiten. Sie ist getragen von Schwimmern. An jedem Schwimmer hängt ein Schnürchen mit einem Angelhaken. An der Leine ist ein großer Schwimmer befestigt, darüber ist ein Segel gespannt.

Roberto erklärt uns, daß man bloß einen Landwind braucht, dann würde das Segel mit der Leine in See stechen und sozusagen ganz von selbst fischen. Auf diese Weise hätte man schon bis zu 15 kg Fisch gefangen.

Wir warten voller Hoffnung am Strand. Es wird kalt. Jemand hat die gute Idee, mit allem, was er so findet, ein Feuer zu machen.
Mitten in der Nacht dreht der Wind. Er bläst die Fangleine mit dem Segel schnurstracks aufs Land zurück. Wir hatten dies befürchtet. Das Segel landet.
Und wir? Wir gehen an die Arbeit. Nach einigen Stunden sind die Angelhaken und die Schnürchen von den Algen befreit. Kein einziger Fisch.
»Schlechter Abend«, kommentieren die anderen, schließen mit dieser lakonischen Bemerkung den Abend ab und hoffen sofort wieder auf eine bessere Zukunft. »Trinken wir doch einen Punsch in der Bar!«
Roberto, der Unverdrossene, von einem nicht zu vernichtenden Enthusiasmus beflügelt und vom lieben Gott mit dem unschuldigsten Blick der Welt beschenkt, schlägt vor:
»Warum kommt ihr morgen nicht zum Abendessen? Ich mach euch ein paar gefüllte Tintenfischchen, köstlich, sag' ich euch, so etwas habt ihr noch nie gegessen!« Und zu seiner Frau Luana gewendet: »Luanachen, gehst du morgen früh zum Fischmarkt von Cecina?« Klar, sie geht. Luana steht immer zur Verfügung.
Diese paar Tintenfischchen wurden zu einem unvergeßlichen Ereignis. Als Vorspeise gab es gratinierte Muscheln, eine Spezialität von Luana, die die lebenden Muscheln mit dem Messer öffnet, dann Spaghetti in einer göttlichen Fischsauce, die ich mein Lebtag nicht vergessen werde, und den herrlichsten Fisch, so köstlich, daß ich noch heute davon träume.
Heute, da ich von meinem geliebten Meer getrennt bin.

Ein traditionelles Abendessen nach der Weinlese

Tag der Weinlese

Und wie sie da alle nach und nach eintreffen, die Freunde und die Bekannten, alle bekommen sie einen Korb und eine Schere in die Hand gedrückt. Vergnügt schwatzend verschwinden sie in den Weinbergen. Einige aber sind darunter, die es nicht übers Herz bringen, sich von dem Haus zu trennen. Unwiderstehlich von den Düften angezogen, die aus der Küche dringen, melden sie sich bei Gina, der Weinleseköchin, und bieten ihre Dienste als Küchengehilfen an. Sie werden prompt akzeptiert. Gina freut sich über jeden Freiwilligen. Es ist soviel zu tun, da gibts Arbeit für alle!

Gina – die Regisseurin

Niemand kennt die genaue Anzahl jener, die an dem Abendessen teilnehmen wollen, aber niemand interessiert sich dafür – am wenigsten Gina selbst. Ihr guter Instinkt sagt ihr, wieviel hungrige Mäulchen am großen Tisch erscheinen werden. Und dies, obwohl sie seit den frühen Morgenstunden ihren Direktionsposten um den alten Holzherd nicht verlassen hat. Ganz früh hat sie ein prächtiges Feuer darin entfacht.
Seither addiert sie alle, die zur Begrüßung bei ihr vorbeischauen. Jene, die Auskunft haben wollen über ihr kulinarisches Vorgehen, jene, die ein Witzchen erzählen und jene, die über den aktuellen Stand der Weinlese berichten. Dazu kommentiert sie trocken »Den habe ich noch nie gesehen« oder »Die waren schon letztes Jahr da« und »Sie ist, glaube ich, die Tochter von dem, der früher hier das Lebensmittelgeschäft hatte«. Während sie vor sich hin schwatzt, arbeitet sie. Sie nimmt eine Kasserolle vom Feuer, stellt eine andere auf, kontrolliert den Braten im Backofen, legt das Lammfleisch in die Bratreine, läßt Kartoffeln schälen, erkundigt sich

danach, wer denn das Brot holen soll, ob es angekommen ist und wo es hingebracht wurde.

Das Weingut

Die Villa Bordone stammt aus dem vorigen Jahrhundert. Das Landgut liegt ein wenig außerhalb von San Casciano Val di Pesa. Man erzählte mir, daß in früheren Zeiten, damals, als die Landwirtschaft noch etwas einbrachte, drei Bauernfamilien auf dem Gut lebten. Gina, ihr Mann und ihre Tochter wohnten in einem Haus in unmittelbarer Nähe des Haupthauses. Dann zogen sie eines Tages hinunter ins Dorf. Ihre Anhänglichkeit aber zur Familie Bordone, ihre Liebe zu den fünf Bordone-Töchtern, deren Geburt sie miterlebt hatte, ist so groß, daß sie seither fast täglich zu einem kleinen Schwätzchen vorbeikommen.

Die Vorbereitungen in der Küche

Die Gewürze

Gina befindet sich heute auf dem Zenit ihrer Popularität. Unter ihrer allwissenden Leitung wird alles vorbereitet. »Wer will die Gewürze feinhacken?« fragt sie. Ich biete mich gerne an, aber auch nur, weil ich nicht weiß, was es bedeutet, für 40 Personen zu hacken.

Die Bordone-Töchter bringen mir das Material. Cecilia kommt mit einem riesigen Strauß duftender, frischer Petersilie. Sofia bringt eine Staude Bleichsellerie, Irene 10 Zwiebeln, Luisa 7 große Knoblauchknollen, und Paola einen enormen Bund Karotten. Man stattet mich mit einem Wiegemesser und einem großen Holzbrett aus. Ich fange an. Die Petersilie wird zusammen mit dem Knoblauch gehackt, dann kommen die Zwiebeln dran und zum Schluß die Karotten und der Sellerie.

Alles wird der Köchin abgeliefert; sie weiß, wie es angewendet wird. Niemals kommt ein Rezept durcheinander. Für jedes Gericht gilt eine präzise Duftnote, eine genau berechnete Würzung. Benützt man alle Gewürze gleichmäßig, wird das Gericht langweilig, und alles schmeckt gleich.

»Gina? Was gehört ins Fleisch?« »Es kommt ganz darauf an. Ist es ein Braten, muß Rosmarin hinein. Ist es ein Hähnchen, braucht es Salbei, weil es ein milderes Gewürz ist, und zum Schweinefleisch paßt Lorbeer!« »Gina, gibt's heut' abend auch Ente?« »Ja, natürlich, aber paßt bloß auf, daß das Fett abfließt. Das Entfetten hört bei einer Ente nie auf!«
Gina beschließt, wie etwas zubereitet wird. Wer könnte sich ihren Beschlüssen widersetzen? Jedermann weiß, welche Köstlichkeiten unter ihren Händen entstehen.

Das Fleisch
Auf dem Gut zieht man Kaninchen, Tauben, Hühner, Enten, Schafe und auch Schweine. Heute bleibt das übliche Lamentieren über die Schwierigkeiten einer solchen Aufzucht aus. Man spricht nur von der außerordentlichen Qualität des Fleisches, man fügt hinzu, daß alle Opfer ja nun schließlich doch einen Sinn hatten. Heute findet ein Fest statt, und jeder Überfluß ist deshalb erlaubt. Überfluß, versteht sich, nicht Verschwendung.

Die Weinleser kommen zurück

Der letzte Karren mit Trauben ist zum Keller gefahren. Mit Begeisterung berichten die Heimkehrenden über das Gewicht der heutigen Lese. Ach ja. Selbst wenn dieses Gewicht den üblichen Normen heute abend nicht entspräche? Kein Mensch würde Anstoß daran nehmen.
Die Weinleser sind müde. Sie kommen in die Küche und wollen wissen, wann es etwas zu essen gibt.

Die Crostini-Räuber

Die Köchin muß sich richtig zusammennehmen, um in der Eile keine Fehler zu machen. Hier fehlt das Salz, dies ist nicht pikant genug, da muß noch Pfeffer dran, das Lamm muß noch etwas schmoren, aber die Tauben müssen runter vom Feuer, sonst vertrocknen sie, sie werden dann später zur rechten Zeit aufgewärmt. Der Su-

go ist fertig. Das Wasser für die Pasta kocht noch nicht, es ist aber auch ein Topf von gigantischen Ausmaßen!
»Cecilia! Bring mir das Brot für die Crostini!« Aber Cecilia deckt gerade den Tisch und legt die schönsten Tischdecken auf, die weißrot karierten, bei denen man jedesmal an eine Weinlese denken muß.
Hier kommt Francesco mit dem Brotsack. Während er mit einem scharfen Messer die dünnen Brote in diagonale Scheibchen schneidet, bestreicht Sofia sie mit der frischen, weichen, saftigen Paste aus Hühnerleber, Milz, Sardellenfilets und Kapern. Die Crostini liebt jeder, auch der, der gewöhnlich keine Leber mag.
50 Crostini sind schon fertig. Wieso sind es auf der Platte bloß 30? Die Kinder sind's, sie hocken unter dem Tisch, sie recken ihre Ärmchen und klauen, was das Zeug hält. Keiner bringt den Mut auf, sie anzuklagen. Ehrlich gesagt, wir würden nur allzugerne das gleiche tun. Das ist einer von diesen Augenblicken im Leben, in denen man bedauert, erwachsen zu sein.

Zu Tisch!

Schließlich sind die drei Platten mit Crostini voll beladen und werden mit Rotwein zu Tisch getragen. Aber trotz des nagenden Hungers würde es niemand wagen, sich an den Tisch zu setzen. Gina hat die Zügel fest in der Hand, sie dirigiert das Geschehen. Sie steht in der Küche und wartet darauf, daß das Wasser für die Pasta kocht. So lange sich der Ablauf der Dinge nicht in einem präzisen Rhythmus entwickeln kann, wird nicht angefangen.
Jetzt kommt endlich ein Lagebericht von ihr: Das Nudelwasser kocht, die Platten mit dem rohen Schinken, der Fenchelwurst und den kleinen Würstchen sind fertig, die Hähnchen sind fast gar, das Lamm wird später gegessen, es muß noch etwas ziehen, die Leberspießchen sind bereit. Sie beschließt: »Wir können anfangen!«
Ihre Assistenten stürmen daraufhin aus der Kellerküche wie aus einer toskanischen Sybillenhöhle. Das Chaos und die Heiterkeit sind an ihrem Höhepunkt. Alles redet durcheinander. Umsonst brüllt Cecilia: »Zu Tisch, zu Tisch!!!«, keiner hört sie. Irgendwann begreifen dann doch alle, daß sie sich setzen können. Es werden noch schnell Teller für die Spätankommer zwischen die Gedecke geschoben; es klappt, sie passen hin, und es ist Platz für alle.

Die Vorspeisen

Unter den Arkaden strahlen die Lichter. Viele von ihnen sind extra für diesen Abend angebracht worden. Der Rotwein in den Gläsern ist wie flüssiger Rubin, und alle warten mit Spannung auf die Vorspeise. Das schöne toskanische Weißbrot liegt auf dem Tisch.

Die Hauptspeise

Die Pasta

Großer Applaus für die ersten Pasta-Schüsseln. Die Köchin erglüht vor Freude. Sie setzt sich zu den anderen, und sie wird den ganzen Abend mitessen. Sie wird vom Tisch zur Küche laufen, schneiden, tranchieren, aufwärmen, anrichten, die Köstlichkeiten zu Tisch bringen und sich wieder hinsetzen. Wir helfen natürlich mit, immer darauf achtend, den Fluß der Gespräche nicht zu stören. Irgendwie läuft alles wie von selbst. Die Schwätzer reden bei Tisch weiter und unterhalten die anderen, die Schweigsameren verwandeln sich in perfekte Maitres d'Hôtel.

Verschiedene Braten mit Röstkartoffeln

Nach den Penne mit Ginas Spezialsauce (geschmortes Fleisch mit Hühner- und Kaninchenleber) gibt es Bratenstücke jeglicher Art und Röstkartoffeln mit Salbei und Rosmarin.

Gedünstetes Fleisch mit Spinat

Eine kleine Pause, und schon steht das gedünstete Kaninchen mit in der Kaninchensauce geschwenktem Mangold und Spinat auf dem Tisch. Die Stimmung steigt mit jedem Gericht, der Rotwein tut das Seinige: Er löst auch die schüchternsten Zungen.

Lammbraten mit grünen Bohnen

Nun wird der Lammbraten mit feinen grünen Bohnen serviert. Alles ist so köstlich, daß wir von jeder Platte nur wenig nehmen. Genießen, nicht vollstopfen, sagt sich jedermann.

Gemischter Salat und Pizzimonio

Was nun kommt, läßt die Herzen der Gemüsefreunde höher schlagen: eine bunte Salatplatte und eine Riesenschüssel mit Rohkost, dem Pizzimonio. Das sind dekorativ angerichtete Gemüsestücke, die man selbst in eine Olivenölsauce taucht und aufknabbert.
Das Essen wird langsamer, die Zunge schneller: Es wird mehr gesprochen als gegessen. Es wird vor allem viel gelacht, und die Arkaden erklingen vor Spaß und Freude.

Die Nachspeise

Pecorinokäse und getrocknete Früchte

Was wäre aber ein toskanisches Essen ohne Pecorino? Der Schafskäse kommt, und dazu gibt es getrocknete Früchte: Feigen, Nüsse und Mandeln.

Vin Santo, Cantuccini und Cenci

Zum Schluß gibt es den goldfarbenen Vin Santo aus den eigenen Weinbergen. Er gehört seit jeher zu den süßen Cenci und den Cantuccini von Prato, einer Art trokkene Mandelküchlein. Man taucht sie in den Vin Santo. Sie saugen den Wein auf und zergehen auf der Zunge. Man kann sie aber auch aus Jux in des Nachbarn Glas tauchen. Der Nachbar rächt sich bestimmt.
Ein Täßchen köstlichen, duftenden Espressos beendet das Weinleseessen. Aber es beendet noch lange nicht das Weinlese-Fest …

Weihnachtsessen

Am Weihnachtstag, dem 25. Dezember, werden die Geschenke erst um 13 Uhr vor dem Weihnachtsbaum geöffnet.

– Vorspeisen –

*

Fleischbrühe von gemischtem Fleisch

*

Stücke von gebrühtem Fleisch

Kapaun – Ochsenzunge – Ochsenbacke – Ochsenfuß – Ochsenrippe
mit Salz und Pfeffer

gekochtes Gemüse

*

Roastbeef
Kalbsbraten
Kartoffelpüree
Salate

– ROTWEIN –

Panettone
Riciarelli
Obst

– SEKT –

Mokka

Das Spiel zu Silvester

Früher, in alten Zeiten, durchstöberten Familie und Freunde das Haus, bevor Mitternacht geschlagen hatte. Sie schleppten aus Keller und Speicher alle Gegenstände herbei, die im Laufe des Jahres zerbrochen worden waren: Möbelstücke, Glas, Ton, Keramik. Hart mußte alles sein, hart und kantig.
Um Mitternacht, beim ersten Glockenschlag, wurden die Fenster aufgerissen, und jeder half mit, das alte Jahr zu erschlagen. Die Gegenstände wurden auf die Straße geschleudert. So lange, bis nichts mehr da war. (*)
Das junge Jahr aber wurde gebührend begrüßt. Man legte neue Kleider an und ging so aus dem Haus. Das brachte Glück.

(*)Nach und nach ist dieser Brauch ausgestorben, weil er dort, wo Autos fahren oder geparkt sind, unausführbar geworden ist.

Berlingaccio

Kurz vor Beginn der Fastenzeit gibt es den sogenannten *Giovedi grasso*, den fetten Donnerstag. An diesem Tag darf man die »Schiacciata Fiorentina« essen. Am Abend gibts ein kleines Fest für die Freunde.
Quer durch den Raum wird eine Schnur gespannt. In ihrer Mitte hängt ein Kochtopf aus Ton, in dem der Gastgeber ein Vielerlei an Bonbons und Schokoladentäfelchen versteckt hat, kurzum lauter Leckereien, die während der Fastenzeit verboten sind.
Dem Gast werden die Augen verbunden, er bekommt einen Stock in die Hand und wird so lange um seine eigene Achse gedreht, bis er die Orientierung verloren hat. Jeder darf nur ein einziges Mal schlagen. Wer Glück hat, erwischt den Topf und schlägt ihn entzwei. Der Inhalt ergießt sich über den Boden, die anderen stürzen sich darüber und versuchen, soviel wie möglich zu erhaschen und aufzuessen.

Der »Scoppio del Carro«

Der Brindellone

»Brindellone« nennt der Florentiner den hohen, turmartigen, bemalten Karren, der am Ostersonntag im Triumphzug inmitten von Trommelwirbel und Trompetenklängen von Zunftvertretern in ihren mittelalterlichen Kostümen und Fahnenschwingern durch die Straßen der Stadt zum Dom geleitet wird.

Der Höhepunkt des Umzugs ist der *Scoppio del Carro,* die »Explosion des Karrens« auf der Piazza del Duomo.

Der »Brindellone« ist mit Schleifen, Kinkerlitzchen jeglicher Art und Flitter geschmückt. Mühevoll schleppen ihn zwei schneeweiße Ochsenpaare durch Florenz. Sei es durch deren ruckartige Bewegungen oder durch die Unregelmäßigkeiten des Pflasters – der Karren wackelt. Er sieht dann aus wie ein gelangweiltes, vernachlässigtes, dünkelhaftes Wesen mit Gleichgewichtsstörungen. Nur für eine ganz kurze Zeit erfährt er eine noble Verwandlung und beeindruckt durch seine stolze Haltung: während der »Explosion«. Kaum ist der dichte, weiße Rauch verflogen, verbleibt eine Gestalt, die aus einem Comicfilm stammen könnte, in den eine Bombe eingeschlagen hat. Mit zerfetzter Jacke und Hose steht sie da, wie betäubt und strauchelnd, wie betrunken.

Was heißt »Brindellone«?

In der Tat sagt man »Brindellone« zu einem zerlumpten, abgerissenen Mann, zu einem Penner. Man sagt es aber auch zu einem hochgewachsenen Mann, der beim Gehen schwankt, oder zu einem, der überall Lumpen verliert – wo er geht und steht.

Kurz und gut: »Brindellone« ist für die Florentiner seit jeher der passende Name für ihren berühmten, plumpen »Carro«.

Die Geschichte des Karrens

Schon in alten Zeiten zog der »Brindellone« durch die Stadt. Das war während der Tage vor dem Fest von San Giovanni, dem Stadtpatron von Florenz. Ganz oben wurde ein Mann in zerfetzter Kleidung festgebunden. Er stellte den Heiligen dar. Nur war leider der Karren so hoch und sind die Florentiner Straßen so schmal, daß

»San Giovanni« immer vollkommen betrunken ans Ziel kam. Aus allen Fenstern der oberen Stockwerke nämlich reichten ihm die Bürger Wein zur Labung ... Schließlich tauschte ihn die Stadtverwaltung gegen eine Statue aus. Das letzte Exemplar kann man noch heute im Palazzo di Parte Guelfa bewundern.
Diese festlichen Karren spielten schon im 12. Jahrhundert eine wichtige Rolle und sind wahrscheinlich auf den *Carroccio* zurückzuführen, der 1152 den Bürgern von Fiesole von den Florentinern weggenommen worden war. – Danach wurden friedlichere Karren eingesetzt. Sie dienten zum Transport von Kerzen für kirchliche Feiern. Mit der Zeit wurden sie immer prächtiger, und manch großer Künstler hat sie bemalt. Die Seitenpaneele von Pontormo aus dem Jahr 1515 hängen heute im Palazzo Vecchio.

Das Osterfest

Aber nun zurück zum Scoppio del Carro.
Die »Explosion« ruft Tausende von Menschen herbei. Das Fest ist ein vergnügtes, lustiges, aber auch tiefempfundenes und feierliches Ereignis. Es erfüllt die Seelen mit Freude und bewirkt, daß sich alle am liebsten umarmen würden. Darin besteht ja auch der eigentliche Sinn des österlichen Festes. Es ist aber auch die einzige nichtkünstliche Feier, die den Florentinern verblieben ist.

Die Colombina

Worauf wartet aber die aufgeregte Menschenmenge vor dem Dom? Auf die »Colombina«, das »Täubchen«. Die Colombina muß nämlich auf einem gespannten Seil vom Hochaltar zum Karren fliegen und eine Reise machen, die für das florentinische Volk Glück oder Unheil bringen wird.
Wenn diese Reise glücklich verläuft –, so sagt man – dann ist es ein Zeichen dafür, daß die göttliche Barmherzigkeit dem Land Toskana eine fette Ernte gewährt. Wenn aber das Seil reißt oder die Colombina steckenbleibt oder gar ihre funkelnden Flügel verglühen, dann gibt es schlechte Zeiten. Es gibt leere Ähren, kümmerliche Olivenbäume, kranke Weinreben und gähnend leere Kornspeicher.

Lo Scoppio del Carro

Wir sind im Dom. Inmitten des *Gloria in excelsis* nähert sich der Erzbischof einer kleinen Säule, die neben dem hohen Altar aufgestellt wurde. Man reicht ihm eine geweihte Kerze. Er hält sie an das Säulchen hin. Man hört einen Knall, dann das Zischen von Luft. Man sieht das Emporrauschen von gleißenden Funken – das Täubchen hat Feuer gefangen. Es bewegt sich – und gleitet an dem gespannten Seil in Richtung Domplatz, zum Carro hin. Alle bekreuzigen sich, die Blicke verfolgen aufgeregt die Leuchtspur.

»Va bene! – Vien bene!« rufen Tausende von Menschen in der Kathedrale und auf dem Platz.

Aufgabe des »Täubchens« ist es, die an den Seitenteilen des Carro befestigten Böller und das Feuerrad zu entzünden und somit das große Feuerwerk auszulösen. Ist es gelungen, fliegt die Colombina in den Dom zurück und erlischt mitten unter der Domkuppel des Brunelleschi.

Die Heimfahrt des Karrens

Eine Viertelstunde nach dem Feuerwerk werden die weißen Ochsen wieder vor den Karren gespannt. Wackelnd und strauchelnd geht es in den »Stall« zurück. Der Brindellone hat seine Arbeit getan. Tausende von vergnügten Toskanern begleiten ihn. – Er wohnt ganz vornehm mitten in Florenz, in der Nähe der Porta Prato. Das erdfarbene Riesentor, das sich wieder für ein volles Jahr hinter ihm schließen wird, sieht aus wie die Tür einer überdimensionalen Pendeluhr, die zwischen zwei Häusern eingehängt ist.

Postscriptum

Als ich in Florenz lebte, wohnte ich in Borgo Ognissanti, in unmittelbarer Nähe des »Brindellone«. Aus meinen Fenstern im dritten Stock konnte ich von oben den herrlichen Zug betrachten, wie er langsam und feierlich und bunt und strahlend in der Frühlingssonne vorbeikam.

Und wirklich, ich hätte in alten Zeiten dem heiligen Giovanni einen guten Chianti reichen können, denn der Turm des Brindellone schaukelte direkt unter meiner Nase vorbei.

Das Osteressen

Geröstete Brotscheibchen mit Leberpaste

*

Geweihte harte Eier halbiert, in Fleischbrühe

*

Pappardelle mit Hasensauce
Gemischtes gekochtes Fleisch mit Gemüse

*

Lammbraten mit grünen Erbsen

*

ROTWEIN

Ostertaube (Colomba Pasquale)

*

Obst

*

Kaffee (Mokka)

*

SEKT

Am Ostersonntag geht die Florentiner Familie seit Jahrhunderten zur Ostermesse. Die Kinder tragen Körbchen, die mit hartgekochten Eiern gefüllt sind. Stolz stellen sie die Körbchen auf einen Seitenaltar. Nach der Messe werden sie vom Priester mit Weihwasser benetzt und gesegnet.
Dieser alte Brauch hat in letzter Zeit eine Modernisierung erfahren, die die Kirche erzürnt. Die Eier sind inzwischen überdimensional groß, stecken in grellen bunten Papierhüllen und sind aus Schokolade. Den Ursinn des lebensspendenden Eies wird das Kind nicht mehr begreifen. Was es weiß, ist, daß im Innern des Rieseneis eine kleine Überraschung steckt, vielleicht ein kleiner Plastikcomputer oder ein

Mini-Rennauto. Die Priester wettern ganz umsonst gegen diese Verfälschung des alten Brauchtums. Und müssen, ob sie wollen oder nicht, schleifenverzierte Riesengebilde segnen. Die Kinder aber werden schon vom Wettbewerbsstreß ergriffen. Wer hat das größere Ei? Wer hat den größeren Computer? Schade.

Das Spiel vom Ostermontag

Am Ostermontag werden alle Festessensreste in einen Korb gepackt, werden Eier hart gekocht und bunt bemalt. Zum Mittagessen fährt die ganze Familie aufs Land zum traditionellen österlichen Picknick.
Nach der üppigen kalten Mahlzeit nimmt jeder sein buntes Ei und klettert auf einen kleinen Hügel. Das Ziel ist auf der großen Wiese gesteckt.
Nun muß das Ei mit sanften Fußtritten ins Ziel gebracht werden, ohne daß es beschädigt wird.
Das ist gar nicht so leicht!
Der geschickteste Spieler hat gewonnen.

Kochkunst und Poesie (Toskana)

Bevanda modernamente inventata, ovvero il sorbetto

Tuorli d'uovo cotti appena
sbatti in tersa porcellana
e se vuoi cosa sovrana
quanto sai sbatti e dimena:
poi metti zucchero
piú assai di un pizzico
torre un gran bucchero
non fare a spizzico:
poco muschio ed ambra in ciocca
venti o trento gelsomini
monda un par di limoncini
sol per vezzo della bocca.
Poi lascia stare
a riposare
finché l'odore
viene tutto fuore
allor con flemma
(cosa importuna)
trascegli e leva
ad una ad una
le bianche foglie
dei gelsomini
le verdi foglie
dei limoncini.
Indi l'adacquo
con dimolt'acqua
e rimaneggio
finché si veggia
incorporato
rimescolato:
quel soave odorosetto
gentilissimo brodetto
proprio degno di Ciprigna
per finissimo stamigno
quindi il passa. E ponlo
allora in dorata cantylora
de cristalli piú lucenti
che fra turbini nascosta
fra le sue miniere algenti
fabbricar fa Vallombrosa.
Pista trita e polverizza
e di sal che cuoce, e frizza
tutte aspergigli le piaghe
che faransi anche piú vaghe
mentre in breve puoi vederle
di cristal cangiarsi in perle
e di gel cangiarsi in neve.

Lorenzo Magalotti

Chi lavorar son senno sa in cucina ...

Chi lavora con senno sa in cucina
vi troverá per certo piú profitto
che i cavalier in Palestina.

L'economo gastronomo
puó dirsi fortunato
chéi puó con pochi dindoli
far pranzi da prelato.

F. Grandi

Voi sapete che qui non si patisce ...

Voi sapete che qui non si patisce
e che si mangia sempre a crepapelle
e si comincia a mai non si finisce.

Chi ingoia intero un pollastrello arrosto
chi mangia col cucchiaio le polpette
chi piglia quel ch'avanti a un altro é porto;

onde a chi la posata a me giá dette
intatta la riresi: e il tovagliolo
candido qual fu posto in pieghe strette,
non ebbi tempo di spiegarlo e solo
mi satollai d'occhiate in quella tavola
dove quanto arrivó spari in un volo.

G.B. Fagiuolo

Narra l'antica e la moderna storia ...

Narra l'antica e la moderna storia
che i gran guerrieri, gli uomini preclari
erano famosi per la pappatoria;

tutto finiva in cene e desinari
e di fatto un eroe senz'appetito
ha tutta l'aria di un rimminchionito.

Giuseppe Giusti

Son cuoco e poetucolo ...

Son cuoco e poetucolo
ma niun se ne spaventi
che se fo versi intendere
fo pure agire i denti.

F. Grandi

Valore del cuoco

Del cuoco non si puó darne giudizio
coll'occhio, coll'orecchio, ovver col tatto
come succede d'ogni altro esercizio:
si vuol'il gusto peró tratto tratto
per poter dir che in tutto egli é eccellente:
mandane or'uno ed or un altro piatto
che cucinato sia diversamente
or da magro, or da grasso acciocch'i'attesti
Tactis, ch'ei non ha pari veramente.

G. B. Fagiuoli

Karte der Toskanischen Weine

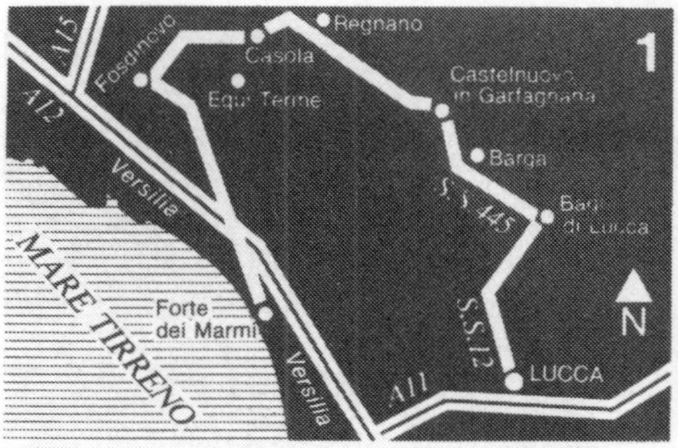

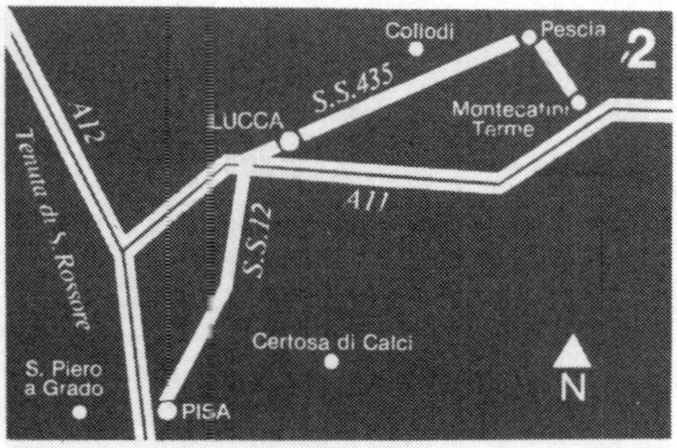

Von den Burgen der Lunigiana zu den Marmorbrüchen

Nach dem Besuch von Lucca verlassen wir die Stadt durch die Porta S. Maria und fahren auf der S.S. 12 in Richtung Abetone bis BAGNI DI LUCCA, ein von bewaldeten Hügeln umgebenes Thermalbad. Die S.S 445 verläuft zunächst in der Ebene der Garfagnana und steigt dann zu dem Ort BARGA hinauf. Wir fahren weiter durch ein kurvenreiches, enges Tal mit Ausblik auf liebliche Hänge und Weinberge und kommen nach CASTELNUOVO DI GARFAGNANA. Das malerische Städtchen besitzt eine alte Burg, die früher der Familie Este gehörte. Dann erreichen wir REGNANO mit den Ruinen einer Langobardenfestung und einer romanischen Kirche. Eine Abzweigung in westlicher Richtung führt nach EQUI-TERME, wo in einem «Antiquarium» alt-und neusteinzeitliche Funde zusammengetragen wurden. Von hier aus können wir nach FOSDINOVO weiterfahren, das mit seiner hochgelegenen Feste das umliegende Land beherrscht. Weiter südlich bringt uns die Via Aurelia in die Versilia am Fuß der Apuanischen Alpen, seit dem Altertum unerschöpfliche Quelle wertvoller Marmorarten.

Rosso delle Colline Lucchesi

Der Wein besitzt eine leuchtende, rubinrote Farbe und zeichnet sich durch seine trockene, harmonische Würze aus. Mindestalkoholgehalt 11,5°.

Candia dei Colli Apuani

Strohfarben, trocken, manchmal leicht lieblich, Mindestalkoholgehalt 11,5°. Der Wein mundet besonders zu Vorspeisen und Fisch; er sollte bei etwa 10 Grad kredenzt werden.

Mit Pinocchio bis unter den Schiefen Turm

Nordwestlich von MONTECATINI, einem der feudalsten und meistbesuchten Kurorte Europas, liegt die Blumen-Metropole PESCIA. Dem ultramodernen Blumenmarkt stehen typisch mittelalterliche Straßen und die malerische Piazza Mazzini gegenüber. Ein lohnender Abstecher bringt uns nach COLLODI, in die Heimat des berühmten PINOCCHIO; in einem kulissenartig angelegten Park können wir die Abenteuer dieser sympathischen Holzpuppe nacherleben. Wieder auf der S.S. 435 erreichen wir das von einem Mauerring des XVI. Jahrhunderts umschlossene LUCCA. Im Umkreis der Stadt liegen prächtige Villen aus dem XVII. Jahrhundert (Torrigiani, Mansi, Marlia usw.). Wir begeben uns wieder auf die Staatsstraße 12 in südlicher Richtung und sind nach wenigen Kilometern in der weltberühmten Kunststadt PISA mit ihrem einmaligen Bautenkomplex. Empfehlenswerte Ausflüge führen zur CERTOSA DI CALCI und romanischen Kirche S. PIERO A GRADO.

Montecarlo

Der trockene Wein mit zartgelbem Farbton besitzt einen Mindestalkoholgehalt von 11,5°. Er paßt zu Vorspeisen mit Meeresfrüchten, Krustentieren, Fischgerichten im allgemeinen, einschließlich Back- und Grillfisch. Der Wein wird kühl, bei 6/8°, serviert.

Bianco pisano di S. Torpè

Der strohfarbene, trocken-harmonische Weißwein besitzt einen Mindestalkoholgehalt von 11°. Ein idealer Wein zu allen Fischgängen; optimale Temperatur: 10°.

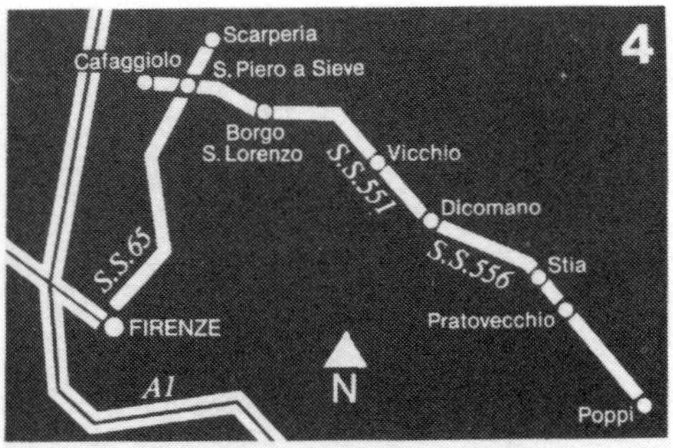

Von Florenz nach Vinci

Wir verlassen Florenz und begeben uns auf die S.S. 66 in Richtung Pistoia. Nach etwa zwanzig Kilometern erreichen wir POGGIO A CAIANO, wo sich auf der Bergkuppe die von Sangallo für Lorenzo il Magnifico entworfene Medici-Villa erhebt. Eine von Weinstöcken und Ölbäumen gesäumte, idyllische Landstraße führt nach CARMIGNANO: hier findet im Rathaus oder im malerischen Kreuzgang des ehemaligen Franziskanerklosters alljährlich die D.O.C.-Weinprobe statt. Die Fahrt geht weiter in Richtung PIEVE DI S. GIUSTO und COMEANA bis nach ARTIMINO mit der wunderschönen sog. «Hundertschornstein-Villa», die sich kontrapunktartig gegen das klassisch-toskanische Landschaftsbild abhebt. Wir folgen dem Arno bis EMPOLI und fahren nach VINCI hinauf, die Heimat Leonardos, die der große Meister in seinen Gemälden unzählige Male verewigt hat. Ostwärts erreicht man SAN MINIATO mit sehenswerter Festung und Kathedrale.

Carmignano

Rubinrote Farbe, trocken, Mindestalkoholgehalt 12,5°. Nach einer Lagerung von mindestens drei Jahren darf er sich «Riserva» nennen. Man reicht ihn zu dunklem Braten und Wild. Die Flasche einige Stunden vorher entkorken und bei einer Temperatur von etwa 18/20 Grad servieren.

Bianco della Valdinievole

Goldgelbe Farbe, trocken, Mindestalkoholgehalt 11°; der Wein eignet sich für Vorspeisen, Krustentiere, Fischgerichte und Gemüsesuppen. Er wird bei einer Temperatur von 6/8 Grad serviert.

Landpfarren und Burgen im Mugello und Casentino

Die alte Landstraße nach Bologna (S.S. 65) bringt uns über S. PIERO A SIEVE (herrlich die Medici-Festung) ins Mugello-Tal. Hier lohnt sich ein Abstecher nach CAFFAGGIOLO, eine schloßähnliche Villa mit dichten Kastanienwäldern, dem ehemaligen Jagdrevier der Medici. Weiter nördlich SCARPERIA mit eindrucksvollem Rathaus, Hier befindet sich das Mugello-Autodrom mit einer der modernsten rennbahnen europas. Die S.S. 551 in Richtung BORGO SAN LORENZO mündet hinter den charakteristischen Städtchen VICCHIO und DICOMANO in die S.S. 556 ein, die durch Wälder und offenes Land um den Monte Falterona führt: bei gutem Wetter reicht der Fernblick bis an die Adria, das Tyrrhenische Meer, Florenz und die Apuanischen Alpen! Dann geht es bergab ins Casentino. Man kommt durch STIA, PRATOVECCHIO mit den malerischen Burgruinen von Romena, und POPPI,mit dem mächtigen Palazzo Pretorio.

Pomino

Pomino gibt es als Weiß- und Rotwein. Der «bianco» ist strohfarben und besitzt eine abgerundete, trockene Würze. Er paßt zu Vorspeisen, ersten Gängen und Fischgerichten. Mindestalkoholgehalt 11°, Temperatur 6/8 Grad. Der «rosso» zeichnet sich durch seine lebendig-rubinrote Farbe aus, die sich bei längerer Lagerung zum Granatrot wandelt. Der Wein ist trocken und hat einen Alkoholgehalt von 12 Grad. Serviert wird er vorzugsweise bei 18-20°. Er paßt zu Braten und Grillfleisch und, als «Riserva»-Wein (nach einer Lagerung von mindestens drei Jahren), zu Wild.

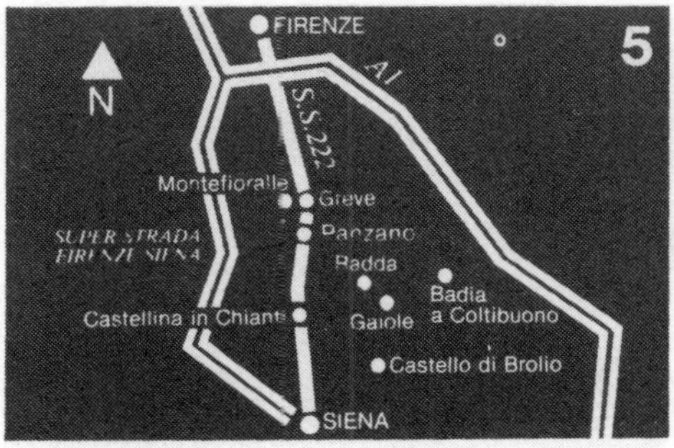

Eine Fahrt nach Siena

Die «Chiantigiana» (S.S. 222) durchquert praktisch das gesamte Chianti-Gebiet. Bevor man nach GREVE hineinfährt, sollte man sich einen kurzen Abstecher nach MONTEFIORALLE gönnen, wo die Familie Vespucci herstammte. Nach einem Besuch in Greve mit seinem wunderschönen, asymmetrischen Platz, den Laubengängen und Terrassen fahren wir nach CASTELLINA IN CHIANTI. In dieser Gegend bieten sich Ausflüge nach PANZANO, RADDA IN CHIANTI, BADIA A COLTIBUONO, GAIOLE und zum CASTELLO DI BROLIO an. Dann taucht in der Ferne bereits SIENA auf, eines der besterhaltenen Beispiele mittelalterlichen Städtebaus. Einst florierender Sitz mächtiger Bank- und Handelsgesellschaften, hängt Siena auch heute noch stark an seinen alten Traditionen. So erlebt die Stadt mit ungebrochener Leidenschaft den berühmten «Palio», ein halsbrecherisches Pferderennen, das alljährlich am 2. Juli und 16. August auf der Piazza del Campo stattfindet.

Chianti

Der Wein besitzt eine rubinrote Farbe, die bei längerer Lagerung zu Granatrot neigt, und eine trockene Würze. Der Mindestalkoholgehalt liegt für Chianti bei 11,5° und für Chianti Classico bei 12°. Für den CHIANTI gelten die folgenden sieben Spezifikationen bzw. geographischen Angaben: CLASSICO, MONTALBANO, RUFINA, COLLI FIORENTINI, COLLI SENESI, COLLI ARETINI, COLLINE PISANE. Nach einer Lagerung von mindestens drei Jahren darf er die Bezeichnung «Riserva» tragen. Jung wird er zu kalten Aufschnittplatten, Nudelgerichten und hellem Bratenfleisch getrunken. Ein älterer Jahrgang paßt zu Grill-Allerlei, dunklem Fleisch und Wild. Bei 18 Grad servieren.

Küstenfahrt am Tyrrhenischen Meer

LIVORNO, ein wichtiges Hafenzentrum, erlebte seine höchste Blüte unter den Medici, als diese die Stadt zum offiziellen Hafen für das gesamte Großherzogtum machten. Über die Uferstraße erreicht man ANTIGNANO und das Felsenriff CALAFURIA mit dem Castello di Sonnino und kommt durch einige der bekanntesten Badeorte der Toskana wie QUERCIANELLA, CASTIGLIONCELLO, CASTAGNETO CARDUCCI, bis nach S. GUIDO, wo die berühmte Zypressenallee nach BOLGHERI abzweigt. Weiter südlich kommen wir zum blauen Golf von BARATTI und zur etruskischen Nekropole POPULONIA. Vom nahegelegenen PIOMBINO kann man in kürzester Zeit auf die Insel ELBA übersetzen.

Bolgheri

Es gibt ihn als Weißwein und Rosé.
Der Bianco Bolgheri ist von zarter Strohfarbe und trokken. Sein Mindestalkoholgehalt beträgt 10,5°. Er eignet sich für Vorspeisen, erste Gänge und Fischgerichte. Der Bolgheri Rosato besitzt eine trockene, ausgewogene Würze. Er hat ebenfalls einen Mindestalkoholgehalt von 10,5° und wird bei etwa 10 Grad serviert. Man reicht ihn zu Koch-und Schmorfleisch und zu Geflügel.

Elba bianco - Elba rosso

Der Elba Bianco ist strohfarben, trocken, mit einem Mindestalkoholgehalt von 11° und ist der ideale Wein zu Fisch, vorzugsweise zu Meeresfrüchten, Grillfisch und gebackenem Fisch-Allerlei. Der trockene, würzige Elba Rosso besitzt einen Mindestalkoholgehalt von 12°. Er paßt zu Braten und Wild.

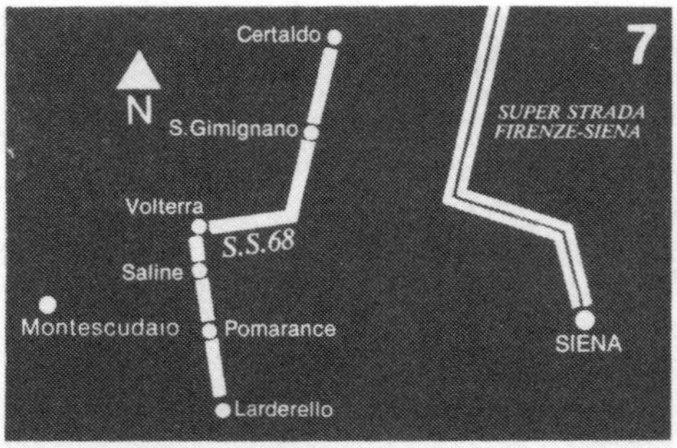

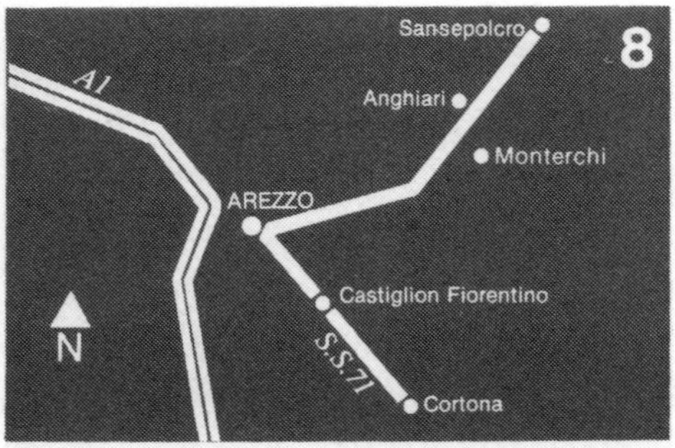

Von Certaldo bis fast ans Meer

CERTALDO - hier kam Boccaccio zur Welt - ist ein typisch mittelalterliches Städtchen. Eine Panoramastraße führt nach S. GIMIGNANO, das mit seinen Geschlechtertürmen aus den Olivenhainen und Weinbergen emporragt. Nach dem Anschluß an die S.S. 68 durchführt man eine ganz eigentümliche Landschaft, in der die sogenannten «biancane» anzutreffen sind. Von weitem grüßt schon VOLTERRA, eine mittelalterlich anmutende Stadt etruskischen Ursprungs. In Serpentinen windet sich die Straße nach SALINE hinunter und von dort nieder bergan durch Eichenwälder und Olivenhaine bis nach POMARANCE. In der Ferne taucht LARDERELLO mit den aus der Erde strömenden «Soffioni» auf.

Vernaccia di S. Gimignano

Der Vernaccia zeichnet sich durch seine goldgelbe Farbe und die trockene, harmonische Würze mit dem herben Aroma frischer Mandeln aus. Ein aristokratischer Wein mit einem Mindestalkoholgehalt von 12°. Nach einer Lagerzeit von einem Jahr darf er sich «Riserva» nennen. Man reicht ihn zu kalten Vorspeisen, Meeresfrüchten, Krustentieren und Fischgängen. Er muß kühl, d.h. bei etwa 10°, serviert werden.

Montescudaio

Es gibt ihn als Weiss und Rotwein.
Der «bianco» ist strohgelb, trocken und hat einen Mindestalkoholgehalt von 11,5°: ideal zu fettarmen Vorspeisen, Eiern und Fisch; er wird bei 6/8 Grad kredenzt. Der «rosso» ist rubinfarben, trocken und hat einen Alkoholgehalt von mindestens 11,5°.

Die Landschaften des Piero della Francesca

Auf dem Ausläufer eines steilen Bergmassivs liegt die mittelalterliche Stadt CORTONA. Folgt man der Staatsstraße 71 in nördlicher Richtung, streift man CASTIGLION FIORENTINO und kommt dann nach AREZZO. An jedem ersten Wochenende im Monat wird auf der Piazza Grande ein Antiquitätenmarkt abgehalten; am ersten Sonntag in September findet die sogenannte Giostra del Saracino statt. Die Basilika S. Francesco enthält einmalige Fresken von Piero della Francesca. Wir verlassen die Stadt und fahren bis MONTERCHI (hier können wir die Madonna del Parto von Piero della Francesca bewundern) und ANGHIARI. Hinter der Abzweigung nach Anghiari führt die Staatsstraße nach SANSEPOLCRO, wo weitere Meisterwerke des dort gebürtigen Malers Piero della Francesca zu sehen sind.

Bianco Vergine Val di Chiana

Strohfarben, trocken, Mindestalkoholgehalt 11°. Der frische, spritzige Wein eignet sich vorzüglich als Aperitif; er paßt zu Vorspeisen, ersten Gängen und Kochfleisch. Man reicht ihn zu Gemüse aller Art und vornehmlich zu Fischgerichten. Er wird kühl, d.h. bei einer Temperatur von 8/10°, getrunken.

Parrina

Den Wein gibt es in den Varianten weiß und rot. Der strohfarbene, trockene «bianco» hat einen Mindestalkoholgehalt von 11,5°. Er paßt zu Vorspeisen, Fisch und Krustentieren und wird mit 8° serviert. Der rubinfarbene «rosso», ebenfalls ein trockener Wein, besitzt einen Mindestalkoholgehalt von 12°. Er eignet sich für Braten und Wild. Bei 20° servieren.

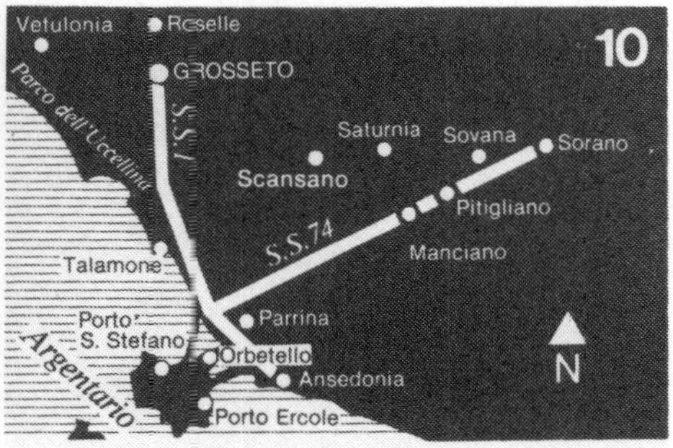

Im Sieneser Land

Wir lassen Siena hinter uns und begeben uns auf die S.S. 2, die antike Via Cassia, und kommen nach Buonconvento; von hier erreicht man über eine Abzweigung in Richtung Asciano die ABBAZIA DI MONTE OLIVETO MAGGIORE, wo Fresken von Sodoma und Signorelli zu sehen sind. Die S.S. 323 steigt nun zum MONTE AMIATA an, Reiseziel für Sommer und Winter mit guten Wintersporteinrichtungen. Wir kehren zur Via Cassia zurück und fahren in Richtung S. QUIRICO D'ORCIA. Hier liegt PIENZA, ein auf Wunsch Pius' II. von Rossellino verwirklichtes, städtebauliches Meisterwerk der Renaissance. Noch weiter östlich erreicht man MONTEPULCIANO, die Heimat Polizianos.

Brunello di Montalcino

Der Wein besitzt einen rubinroten Farbton; abgelagert neigt er zu Granatrot. Der Wein ist trocken und hat einen Mindestalkoholgehalt von 12,5°. Nach einer Lagerung von mindestens fünf Jahren darf er die Bezeichnung «Riserva» tragen. Er paßt zu Bratenfleisch und Wild. Die Flasche einige Stunden vor Gebrauch entkorken und bei Zimmertemperatur servieren. Ab 1985 darf der Brunello das staatliche Gütesiegel D.O.C.G. tragen.

Nobile di Montepulciano

Ein trockener Wein mit granatrotem Farbton von unterschiedlicher Intensität und delikatem Veilchenaroma. Mindestalkoholgehalt 12,5°. Nach dreijähriger Lagerung darf er sich «Riserva» nennen. Ein mittlerer Jahrgang dieses Weines paßt zu Geflügel und hellem Braten, die «Riserva»-Weine eignen sich eher für rotes Fleisch, Wild und reifen Käse. Serviert wird er am besten bei 18/20 Grad. Seit dem 1. November 1982 trägt der Nobile die Bezeichnung D.O.C.G.

Auf den spuren der Etruskern in der Maremma

Nördlich von Grosseto liegen in östlicher Richtung die etruskischen Nekropolen ROSELLE und VETULONIA. Die Via Aurelia führt dann zum Naturpark UCCELLINA und nach TALAMONE, ehemals etruskischer Hafen. Weiter südlich zweigt man zum MONTE ARGENTARIO und nach ANSEDONIA ab, wo sich die eindrucksvolle Tagliata Etrusca befindet. Wir begeben uns auf die S.S. 74, die mitten ins Herz der Maremma führt. Die Straße windet sich hinauf nach MANCIANO, ein mittelalterliches Felsenstädtchen (empfehlenswert ein Besuch in SATURNIA). Durch eine faszinierende Tuffsteinlandschaft erreicht man PITIGLIANO. 8 km entfernt liegt SOVANA, in dessen Umgebung bedeutende etruskische Funde zu besichtigen sind (Tomba Ildebranda, Tomba della Sirena). Nahebei liegt das von dicken Mauern umgebene Städtchen SORANO etruskischen Ursprungs.

Bianco di Pitigliano

Der strohgelbe, trockene Wein besitzt einen Mindestalkoholgehalt von 11,5°. Er paßt zu Vorspeisen, ersten Gängen und Fisch aller Art, vornehmlich zu Languste. Er wird mit einer Temperatur von 6/8 Grad serviert.

Morellino di Scansano

Rubinroter Farbton, bei Lagerung zu Granatrot neigend, trocken. Mindestalkoholgehalt 11,5°. Der Wein darf die Bezeichnung «Riserva» tragen, sofern er älter als zwei Jahre ist. Jung schmeckt er zu hellem Fleisch; als Riserva-Wein paßt er zu Spießbraten, Wild und reifen Käsesorten. Er wird bei einer Temperatur von 18/20 Grad kredenzt.

Danksagungen

Danksagungen an Freunde

Für die Rezepte aus Siena danken wir Maria-Giulia Markgräfin Bargagli-Stoffi aus SIENA

Für die Rezepte aus dem Florentiner Land danken wir Silvia Fossati, Künstlerin, aus FLORENZ

Für die Fischrezepte danken wir Dott. Roberto Gori aus CECINA (Livorno)

Für die vergessenen Bauernrezepte danken wir Cecilia Bordone aus der bekannten toskanischen Familie MARCOLINI, SAN CASCIANO VAL DI PESA

Für die Kochratschläge, die auf den deutschen Markt abgestimmt sind, danken wir Florian Rappmannsberger, Maler und Bildhauer, aus MÜNCHEN

Für die Übersetzung der Texte aus der Renaissance danken wir Dr. med. Ernst Nietmann aus MÜNCHEN

Register

DER GROSSE ARTUSI

DIE KLASSISCHE ITALIENISCHE KÜCHE

MARY HAHN